AF557114

Gemüseanbau
für Gartenneulinge

1. Auflage Dezember 2022

Author photo by Crystal Malloy Photography
First Published in English by Rockridge Press, an imprint of Callisto Media, Inc.

Titel der amerikanischen Originalausgabe:
Vegetable Gardening For Beginners – A Simple Guide To Growing Vegetables At Home

Übersetzung aus dem Amerikanischen: Linde Wiesner
Lektorat: Annerose Sieck
Umschlag, Satz und Layout: Nicole Lechner

ISBN: 978-3-86445-904-7

Bibliografische Information der Deutschen Nationalbibliothek:
Die Deutsche Nationalbibliothek verzeichnet diese Publikation in der Deutschen Nationalbibliografie; detaillierte bibliografische Daten sind im Internet über *http://dnb.d-nb.de* abrufbar.

Gerne senden wir Ihnen unser Verlagsverzeichnis.
Kopp Verlag
Bertha-Benz-Straße 10
D-72108 Rottenburg
E-Mail: info@kopp-verlag.de
Tel.: (0 74 72) 98 06-10
Fax: (0 74 72) 98 06-11

Unser Buchprogramm finden Sie auch im Internet unter:
www.kopp-verlag.de

Jill McSheehy
Gemüseanbau
für Gartenneulinge
Eine simple Anleitung für
den erfolgreichen Anbau von
Gemüse im eigenen Garten
KOPP VERLAG

Im Gedenken an meine Großeltern,
die Landwirte Hobert und Ruth Alexander,
die ich leider nicht mehr kennenlernen durfte.
Ob sie wohl vom Himmel herablächeln,
wenn sie sehen, wie ihre Enkelin
ihr eigenes Stück Land bearbeitet?

Inhalt

TEIL 2

Einleitung

»Jill, gehst du bitte in den Garten und holst mir eine grüne Paprika?«
»Okaaay …«, antwortete ich. »Wie sieht die aus?«

Ich selbst erinnere mich nicht an dieses Gespräch, aber meine Mutter brachte es sofort zur Sprache, als ich mit 32 Jahren mein neues Gartenprojekt ankündigte.

Ich hatte gerade meinen Job als Business Development Manager bei einem Fordhändler gekündigt, um zu Hause bei meinen Kindern zu bleiben, die damals 6 und 2 Jahre alt waren. Ich wollte den Einkommensverlust unseres Haushalts etwas auffangen und dachte, wenn ich ein paar unserer Lebensmittel selbst anbauen würde, könnte ich einen anderen, aber spürbaren Beitrag dazu leisten.

Das Problem? Ich hatte absolut keine Ahnung, wie ich anfangen oder was ich tun sollte. Aber ich war fest entschlossen und las alles über Gartenbau, was ich nur finden konnte. Monatelang durchforstete ich alle möglichen Informationsquellen und führte akribisch über Bodenbeschaffenheit, Anbauprodukte, Gartendesign, Schädlinge und Krankheiten Buch.

Aber schon die einfachsten Informationen – die absolut keine gärtnerischen Vorkenntnisse voraussetzen – waren für mich zu hoch. Schließlich lernte ich so wie viele Gärtner und Gärtnerinnen: Ich machte mich einfach ans Werk, legte los und passte meine Vorgehensweise bei Bedarf an.

Mein erster Garten war bereits so ertragreich, dass ich geradezu süchtig danach wurde. Als ich dann im Laufe der Jahre mehr Wissen und Erfahrung sammelte, kam in mir der Wunsch auf, diese Leidenschaft mit anderen zu teilen – insbesondere mit Menschen, die keinerlei Erfahrung im Gemüseanbau haben. Im Januar 2017 rief ich meinen Podcast *Beginner's Garden* ins Leben und fing an, in meinem Blog regelmäßig Ratgeberartikel zu veröffentlichen – alles für den gärtnerischen Neuling, der ich einmal gewesen war.

Ich bin zwar dankbar für die Gartenbücher, die mir den Anfang erleichterten, aber das, was Sie gerade in Händen halten, ist eigentlich die Lektüre, die ich mir gewünscht hätte.

In Teil 1 erfahren Sie alles, was Sie wissen müssen, um mit Ihrem eigenen Gemüsegarten loszulegen – angefangen bei ein paar wichtigen Entscheidungen, die Sie treffen müssen, noch bevor Sie die ersten Samen kaufen, wie: Welche Art von Garten wünschen Sie sich? Wie groß soll er sein? Welche Werkzeuge brauchen Sie? Was sollten Sie wann anbauen?

Dann lernen Sie, wie Sie Ihre Gartenbeete oder Pflanzkübel anlegen und befüllen, die Saat im Haus vorziehen und dann umpflanzen. Ich stelle Ihnen Möglichkeiten zum Bewässern, Mulchen und für vertikale Gärten vor. Dann erfahren Sie, wie Sie Ihre Schätze ernten und lagern. Und dann sage ich noch, was am Ende der Gartensaison zu tun ist, denn ich hoffe, dass dieses Jahr für Sie das erste von noch ganz vielen wunderbaren Gartenjahren sein wird.

Wenn Sie erst einmal die Grundlagen beherrschen, können Sie in Teil 2 eintauchen, in dem ich Ihnen mehr als dreißig gängige Gemüsesorten und Kräuter für den eigenen Garten vorstelle und verrate, wie Sie sie anbauen, ernten und verwerten können. Ich hoffe, dass dieser Abschnitt des Buches durch den ständigen Gebrauch Eselsohren und Schmutzflecken bekommt.

Sind Sie bereit loszulegen?

Teil 1

Schritt für Schritt einen Gemüsegarten anlegen und pflegen

Herzlich willkommen in der Welt des heimischen Gemüseanbaus! Ich freue mich, dass ich mit Ihnen zusammen auf diese Reise gehen darf. Wenn es Ihnen geht wie mir, als ich zu gärtnern anfing, sind Sie vermutlich nervös und neugierig zugleich.

Ich kann Sie aber beruhigen. Eine gewisse Nervosität ist völlig normal. Aber Sie schaffen das! Ich bin hier, um Ihnen zu zeigen und beizubringen, was Sie wissen müssen, um Erfolg zu haben. Mithilfe dieses Buches werden Sie den Gemüsegarten Ihrer Träume erschaffen.

In einem ersten Schritt lernen Sie die Grundlagen; über fortgeschrittene Techniken brauchen Sie sich noch keine Gedanken zu machen. Im zweiten Schritt entwickeln Sie einen ausgewogenen Plan, mit dem Sie dann zuversichtlich weitermachen können.

In diesem ersten Teil des Buches bringe ich Ihnen die Grundlagen bei und helfe Ihnen, einen solchen Plan zu erstellen. Von der Platzierung Ihres Gemüsegartens bis hin zur Ernte gibt Ihnen dieser Abschnitt das nötige Instrumentarium und Know-how an die Hand. Sind Sie bereit, sich in die Arbeit zu stürzen?

KAPITEL 1

Einführung in den Gemüseanbau

Ein gelungener Gemüsegarten beginnt mit einem soliden Verständnis grundlegender gärtnerischer Prinzipien. Sie müssen das »Warum« und »Was« beantworten können, ehe Sie sich um das »Wie« kümmern können. Bevor Sie Saatkataloge durchforsten, eine Schaufel in die Hand nehmen oder gar zu den Beschreibungen der Gemüsesorten vorblättern (so verlockend das auch sein mag), sollten Sie dieses Kapitel aufmerksam durchlesen.

Warum eigenes Gemüse anbauen?

Privatgärtner bauen aus unterschiedlichsten Gründen Gemüse an. Ich wollte so Geld sparen, aber viele haben einfach nur Freude an einem Garten.

Jeder Gärtner wird Ihnen sagen, dass selbst angebaute Lebensmittel besser schmecken. Auch die Wissenschaft bestätigt mittlerweile das, was Gärtner und Gärtnerinnen seit Jahrhunderten intuitiv wissen: Selbst gezogene Lebensmittel sind nahrhafter. Auf reichhaltigem, ökologisch bewirtschaftetem Boden angebaute Pflanzen liefern mehr Nährstoffe und weniger giftige Chemikalien als konventionell angebaute.

Studien belegen außerdem positive Auswirkungen des Gärtnerns nicht nur auf die körperliche Gesundheit, sondern auch auf die geistige. Grundsätzlich fühlt man sich nach ein paar Stunden im Garten einfach besser. Wie toll ist das denn?

Warum biologisch?

Biologisches Gärtnern ist ein nachhaltiger Ansatz, der sich positiv auf die Gesundheit des Bodens, die Insekten und das gesamte Ökosystem auswirkt. Aber warum ist Diversität wichtig?
Vielfältige Bodenmikroben ermöglichen es den Pflanzen, Nährstoffe aus dem Boden zu ziehen. Viele dieser Mikroben können in Gärten, die regelmäßig mit synthetischen Düngemitteln behandelt werden, nicht überleben.
Und die Vielfalt nützlicher Insekten hält – mit wenigen Ausnahmen – schädliche Insekten in Schach. Breitspektrum-Insektizide allerdings töten sowohl nützliche als auch schädliche Insekten.
Einfach gesagt führt ein nicht biologischer Gartenbau zu einem ungesunden Kreislauf synthetischer Zusätze, der sich sowohl vor Ort als auch global negativ auswirkt. Das biologische Gärtnern jedoch stärkt den Boden, die Pflanzen und das Ökosystem des Gartens. Im Laufe der Zeit stellen biologisch arbeitende Gärtner fest, dass Ihre Gärten gesünder, pflegeleichter und ertragreicher sind.

Ihre Gründe, einen Garten anzulegen, können sich von denen anderer Menschen leicht unterscheiden, aber eines sollten Sie wissen: Wenn Sie das erste Mal selbst angebautes Gemüse essen, wird das Ihr Leben verändern.

Sieben Dinge, die Sie wissen müssen, bevor Sie loslegen

Bauen Sie das an, was Sie selbst essen. Ehe Sie sich von appetitlichen Abbildungen in Saatgutkatalogen dazu verleiten lassen, eine Unzahl an Gemüsesorten zu bestellen, halten Sie kurz inne. Erstellen Sie eine Liste der Sorten, die Ihre Familie tatsächlich gern isst. Dann entscheiden Sie, was Sie anbauen möchten. Sie wollen sicherlich kein Beet voller Grünkohl, wenn niemand in Ihrer Familie Grünkohl mag. Konzentrieren Sie sich auf Gemüse, das Ihre Familie essen will, und lernen Sie, genau das anzubauen.

Haben Sie keine Angst vor Experimenten. Was, wenn Ihre Familie Grünkohl mögen *könnte*? Oder wenn Sie einfach nicht aufhören können, an violette Möhren oder niedliche Cucamelons (mexikanische Mini-Gurken) zu denken? Dann schaffen Sie unbedingt Platz dafür. Reservieren Sie einen kleinen Teil Ihres Gartens für solche experimentellen Gemüsepflanzen. Ich nenne sie »Neulinge«, die sich erst noch »bewähren« müssen, bevor sie einen festen Platz im Garten bekommen. Aber ein Garten, in dem ausschließlich experimentiert wird, wird wahrscheinlich zu einer Enttäuschung. Ziehen Sie lieber auf dem größten Teil der Fläche die Lieblingsgemüse Ihrer Familie und bauen Sie nur ein paar »Neulinge« an, um die Freude am Garten zu erhalten.

Üben Sie sich in Geduld. Ihr Gartencenter vor Ort führt vielleicht schon im Februar Tomatenpflanzen, das heißt aber nicht, dass Sie sie mitten im Winter in Ihren Garten pflanzen können. Ebenso wenig läutet eine warme Periode im Vorfrühling die Pflanzzeit ein. Erfahrene Gärtner haben (durch viele übereifrige Versuche) gelernt, dass man die besten Ergebnisse erzielt, wenn man auf die richtige Zeit zum Pflanzen wartet. Widerstehen Sie also den Versuchungen und befolgen Sie die Leitlinien in Kapitel 2 und jene bei den Pflanzenprofilen in Teil 2, um herauszufinden, wann Sie was anpflanzen sollten. Das erfordert meistens Geduld, macht sich aber bezahlt.

Machen Sie sich klar, dass nicht alles in Ihrem Klima gut gedeiht. Jeder Garten hat andere Bedingungen, in denen einige Pflanzen gedeihen und andere zu kämpfen haben. Die Pflanzenprofile in Teil 2 geben Ihnen zwar eine generelle Orientierung, aber Sie werden vor allem durch Ausprobieren herausfinden, welche Pflanzen sich in Ihrem Garten gut entwickeln.

Nehmen Sie Misserfolge in Kauf. Was, wenn ich Ihnen sage, dass Misserfolge sich als die größten Erfolge herausstellen können? Ich spreche nicht vom totalen Scheitern, sondern von kleinen Enttäuschungen, die wir alle erleben. Wenn Sie scheitern, geben Sie nicht gleich ganz auf, sondern suchen Sie nach der Ursache. Dann können Sie entweder Ihren Garten für die laufende Saison anpassen oder Veränderungen fürs nächste Jahr planen. Eine meiner größten Erfolgsgeschichten – ich lernte, Kürbisse und Zucchini am Ende des Sommers anzupflanzen, um im Herbst eine schöne Ernte zu haben – hatte ich nach einem niederschmetternden Misserfolg, als *Melittia-cucurbitae*-Raupen meine im Hochsommer eingesetzten Pflanzen vernichteten. Wenn Sie Misserfolge erwarten und in Kauf nehmen, sorgen Sie für künftige Erfolge.

Mutter Natur hat das letzte Wort. Wir sollten zwar nicht das Wetter für alle Misserfolge verantwortlich machen, aber wir müssen die realen Wetterbedingungen berücksichtigen, die sich durchaus auf unsere Pflanzen auswirken. Tomaten etwa haben mehr mit Pilzproblemen zu kämpfen, wenn der Frühling sehr regenreich ist, und Warmwetterkulturen liefern mehr Früchte, wenn der Herbstfrost spät einsetzt. Bedenken Sie diese Faktoren, ehe Sie entscheiden, ob Sie ein bestimmtes Gemüse erneut anbauen wollen oder lieber ein anderes ausprobieren.

Lassen Sie es ruhig und langsam angehen. Wenn Sie einen kleinen Garten anlegen wollen, müssen Sie weder viel Geld noch viel Zeit investieren – ein bisschen Rüstzeug für den Anfang reicht aus. Sie müssen auch nicht stundenlang recherchieren. Eignen Sie sich die Grundlagen an, aber schützen Sie sich vor Informationsüberflutung. Mit zunehmender Erfahrung werden Sie Freude daran haben, mit ausgefeilteren Techniken und Ideen zu experimentieren, aber heben Sie sich das für später auf. Zunächst sollten Sie sich auf das konzentrieren, was wirklich wichtig ist, und den Prozess genießen.

Gartenbegriffe von A bis Z

Anbauzonen: Die sogenannten USDA-Zonen klassifizieren anhand der durchschnittlichen niedrigsten Jahrestemperatur in Anbau- oder Klimazonen. Wenn Sie Ihre Klimazone kennen, wissen Sie, welche mehrjährigen Pflanzen den Winter in Ihrer Region überstehen (siehe Seite 168).

Bodengare: Physikalischer Zustand des Bodens bezüglich Aufbau und Eignung für ein gutes Pflanzenwachstum. Eine ideale Bodengare bedeutet, dass der Boden gut belüftet und entwässert wird und zugleich die optimale Feuchtigkeit speichert.

Bodentemperatur: Die Temperatur des Bodens in etwa 2,5 cm Tiefe. Unterschiedliche Samen brauchen zum Keimen unterschiedliche Bodentemperaturen.

Direktsaat: Ausbringen der Samen im Freien, direkt auf den Boden, ins Hochbeet oder in den Kübel.

Einjährige Pflanzen: Alle Gemüse und Kräuter, deren Wachstum innerhalb einer Saison beginnt und endet, unabhängig vom Standort. Beispiele: Basilikum, Kopfsalat, Tomaten.

Erntekategorien: Zeitpunkt und -spanne, in der eine bestimmte Pflanze voraussichtlich eine Ernte liefert. In diesem Buch gibt es folgende Erntekategorien: eine Ernte (Pflanzen werden auf einmal geerntet), kurze Erntezeit (Pflanzen liefern für 2–4 Wochen eine Ernte), ganzjährige Ernte (Pflanzen lassen sich die ganze Saison über ernten, normalerweise bis zum ersten Frost) und wetterabhängige Ernte (Pflanzen können geerntet werden, bis sie aufgrund von Wetterbedingungen ins Kraut schießen).

Frostdaten: Die Termine im Jahr, an denen in einem bestimmten Gebiet normalerweise der letzte Frost im Frühjahr und der erste Frost im Herbst auftritt. Bedenken Sie, dass dies die *durchschnittlichen* Termine sind und es auch 2 Wochen davor oder danach zu Frost kommen kann. Die durchschnittlichen Frostdaten Ihrer Region erfahren Sie unter anderem beim Deutschen Wetterdienst (siehe Seite 168).

Frühlings- und Sommergemüse: Gemüse- oder Kräuterpflanzen, die warmes Sommerwetter bevorzugen und Frost nicht überstehen.

Herbst- und Wintergemüse: Gemüse oder Kräuter, die das kühlere Wetter im Frühjahr und Herbst bevorzugen und bei Hitze nicht gut gedeihen. Kälte und Hitze vertragen sie unterschiedlich gut; einige halten extrem niedrigen Temperaturen stand, aber leichten Frost überstehen sie alle.

Hochbeet: Alle Pflanzbereiche, die über dem Boden, meist in Höhen zwischen 15 cm und 1 m, angelegt sind. Die meisten sind eingefasst, um die Erde einzuschließen, und unten offen, damit die Wurzeln der Pflanzen den natürlichen Boden erreichen können.

Ins Kraut schießen: Eine nicht früchtetragende Gemüse- oder Kräuterpflanze entwickelt früher, als sie sollte, Samenstiele; meist hervorgerufen durch extreme Wetterbedingungen wie Hitze oder Trockenheit. Beispiele: Brokkoli, Koriander, Kopfsalat, Zwiebeln.

Keimung: Wenn ein Samen zu wachsen beginnt und sich über der Erde ein Trieb und unter der Erde eine Wurzel bildet.

Kompost: Eine gesunde, fruchtbare, erdige Mischung, die durch den Abbau organischer Rohmaterialien entsteht.

Kübelgarten: Pflanzbereich, in dem die Erde vollständig in einem Kübel eingeschlossen ist und die Wurzeln keinen Kontakt zum Boden haben.

Mehrjährige Pflanzen: Alle Gemüse- oder Kräuterpflanzen, die in ihrer idealen Anbauzone von Natur aus Jahr für Jahr weiterwachsen. Wird eine Pflanze in einer Zone angebaut, die kälter ist, als sie vertragen kann, wächst sie nur wie eine einjährige Pflanze und stirbt im Winter ab, so sie nicht entsprechend geschützt wird. Beispiele: Paprikaschoten, Rosmarin, Oregano.

Mischkultur: Anbau unterschiedlicher Gemüse, Kräuter oder Blumen nebeneinander – mit dem Ziel, Schädlinge zu bekämpfen, Krankheiten zu verhindern oder mehr Pflanzen unterzubringen.

Mulch: Eine Schicht aus organischem Material, die auf dem Boden ausgebracht wird, um Unkraut zu verhindern, Wasser zu binden, die Bodentemperatur zu regeln und Erosion einzudämmen. Beispiele: Holzspäne, abgefallenes Laub, Kiefernnadeln, Grasschnitt, biologisch angebautes Heu und Stroh.

Organisches Material: Alle Zusätze in Ihrem Garten, die leben oder von einem lebendigen Organismus gebildet werden. Beispiele: Laub, Holzspäne, Mist.

pH-Wert des Bodens: Säure- oder Basengehalt des Bodens, der es den Pflanzen ermöglicht, die größtmögliche Menge an verfügbaren Nährstoffen aufzunehmen. Die meisten Gemüsesorten gedeihen auf Böden mit einem pH-Wert zwischen 6,0 und 7,0.

Reifezeit: Durchschnittliche Zeitspanne, bis eine Gemüse- oder Kräuterpflanze die Reife erreicht und anfängt, einen Ertrag zu erbringen. (Wenn die Samen in Innenräumen vorgezogen werden, beginnt die Reifezeit, sobald die Pflanze in den Garten umgepflanzt wird.)

Setzling: Eine Jungpflanze, die in den Garten gepflanzt wird, nachdem sie im Haus aus Samen vorgezogen oder in einer Gärtnerei gekauft wurde. Eine Jungpflanze wird in die Erde gesetzt.

Spalier: Eine Konstruktion, an der rankende (Gemüse-)Pflanzen wie etwa Stangenbohnen oder Gurken vertikal hochwachsen können.

Sukzessiver Anbau: Ausbringung der Pflanzen zu verschiedenen Zeitpunkten, manchmal nacheinander an der gleichen Stelle, um in einer Ecke des Gartens zeitversetzt oder mehrmals ernten zu können. Dem sukzessiven Anbau ähnlich ist die Staffelpflanzung, bei der eine zweite Pflanze gegen Ernteende der ersten Pflanze in deren Nähe eingebracht wird. Sie wachsen eine Zeit lang zusammen, bevor die erste Pflanze entfernt wird.

Volle Sonne: Mindestens 6–8 Stunden direkte, ungefilterte Sonneneinstrahlung am Tag. Viele Pflanzen brauchen die volle Sonne, manche nur teilweise Sonne, das heißt 4–6 Stunden Sonneneinstrahlung am Tag.

Zweijährige Pflanzen: Alle Gemüse- und Kräuterpflanzen, die (normalerweise) erst nach der Überwinterung im Frühjahr oder Sommer des nächsten Jahres blühen und Samen bilden. Beispiele: Möhren, Zwiebeln, Petersilie.

Die besten Gärten für Anfänger

Was stellen Sie sich vor, wenn Sie an einen Gemüsegarten denken? Gemüse in ordentlichen, gleichmäßigen Reihen auf einer dafür ausgewiesenen Fläche? Doch solche Flachbeete sind für Anfänger nicht unbedingt die beste Option.

Flachbeete können zwar einen sehr großen Ertrag bringen, einige Faktoren können Sie aber im ersten Jahr schlecht kontrollieren, etwa Qualität und pH-Wert des Bodens. Zudem müssen Sie den Boden auch erst urbar machen, indem sie ihn umgraben oder mehrere Monate lang abdecken, ehe Sie etwas anpflanzen können.

Deshalb erfreuen sich Kübelpflanzungen und Hochbeete so großer Beliebtheit. Ich will Ihnen die verschiedenen Optionen vorstellen.

Kübelgärten

In »Containergärten«, also Gärten mit Kübelpflanzungen, werden Gemüse- und Kräuterpflanzen in Gefäßen wie Blumentöpfen oder Pflanzschalen angebaut. Viele Anfänger schätzen das, weil es wenig Arbeit macht. Sie brauchen den Boden nicht vorzubereiten, und auch Unkrautjäten ist kaum erforderlich. Außerdem können Sie die Kübel immer an die jeweils günstigste Stelle für die darin wachsenden Pflanzen stellen.

Aber auch Kübelpflanzungen stellen Anforderungen. Die Kosten für die Gefäße und die Erde können sich summieren. Die Pflanzen müssen sorgfältig bewässert werden, an heißen Sommertagen müssen Sie sie schon mal mehrmals am Tag gießen. Und Kübelpflanzen brauchen mehr Dünger, weil das ständige Wässern Nährstoffe ausspült und die Pflanzen keine Nährstoffe aus dem Erdreich ziehen können.

Aber bei entsprechender Sorgfalt und Pflege sind Kübelpflanzungen durchaus einträglich. Tolle Optionen dafür sind etwa Kopfsalat, Blattgemüse, Zuckererbsen, Paprikaschoten, Tomaten und Kräuter.

Hochbeete

Hochbeete kombinieren das Beste aus Topfpflanzung und Flachbeeten. Wie bei Kübelpflanzen müssen Sie beim richtigen Mulchen nur selten Unkraut jäten. Aber im Gegensatz zu Kübeln können die Wurzeln der Pflanzen im Hochbeet ins Erdreich gelangen, wodurch weniger Gießen und Düngen erforderlich ist. Hochbeetgärten sind, richtig angelegt, sehr attraktiv. (Viele stellen Hochbeete auf festen Untergrund wie Pflasterflächen. Diese Gärten ähneln bezüglich Bodenbeschaffenheit, Wässern und Drainage sowie Düngen eher Kübelgärten.)

Der größte Nachteil von Hochbeeten besteht in den Anschaffungskosten und dem anfänglichen Arbeitsaufwand. In Gartencentern gibt es vorgefertigte Bausätze, die diesen Aufwand reduzieren. Hochbeete können Sie auch nicht einfach umsetzen, wenn Sie Ihre Ansicht bezüglich des idealen Standorts ändern.

Die meisten Gärtner, die sich für Hochbeete entscheiden, finden, dass sich die Kosten und der Aufwand lohnen, sowohl wegen der Zeitersparnis im Laufe der Saison als auch wegen der gärtnerischen Erfahrung allgemein. In Hochbeeten gedeihen fast alle Pflanzen gut, ein paar beliebte Beispiele sind Tomaten, Bohnen, Brokkoli, Paprikaschoten, Zwiebeln und Zucchini.

Vertikale Gärten

Egal, ob Sie sich für Flachbeete, Kübelpflanzen oder Hochbeete oder eine Kombination aus allen drei Varianten entscheiden: Überlegen Sie unbedingt, auch eine vertikale Gartenabteilung einzuplanen.

Wenn Sie Kletterpflanzen an einem Spalier hochziehen, haben Sie in den Kübeln oder Beeten mehr Platz für andere Pflanzen. Und die bessere Durchlüftung von vertikalen Anpflanzungen mindert das Risiko vieler häufiger Pflanzenkrankheiten.

Dabei können Sie Ihrer Kreativität freien Lauf lassen: Rankgerüste lassen sich aus kostenlosen Materialien wie gesammelten Stöcken bauen, oder Sie investieren einen kleinen Betrag in ein Bogenspalier mit Gitterzaun. Stabile Spaliere können viele Jahre halten. In Kapitel 3 stelle ich Ihnen mehrere Optionen vor.

Für vertikale Gärten eignen sich beispielsweise Stangenbohnen, Klettererbsen, Gurken und sogar Melonen sehr gut.

Flachbeete anlegen

Vielleicht haben Sie nicht das Budget für Kübel oder Hochbeete, oder Sie wollten schon immer traditionelle Flachbeete haben und sind fest entschlossen, dies nun zu verwirklichen. Auf folgende fünf Faktoren sollten Sie jedoch achten, wenn Sie Ihr Gemüse direkt im Erdreich anbauen wollen.

Boden-pH-Wert und ausgewogener Nährstoffgehalt. Die Gesundheit des Gartenbodens wirkt sich direkt auf die Gesundheit und den Ertrag Ihrer Pflanzen aus. Ich empfehle Ihnen, den Boden in einem professionellen Labor analysieren zu lassen. Die meisten Gemeinden bieten diesen Service über ihre landwirtschaftlichen Beratungsstellen kostenlos oder gegen eine geringe Gebühr an (siehe Seite 168). Nach der Analyse wissen Sie, ob und womit Sie Ihren Boden anreichern müssen.

Lehmiger Boden. Erde besteht aus Sand, Schluff, Lehm oder einer Mischung daraus. Für den Garten ist Lehmboden mit einer ausgewogenen Kombination dieser drei Komponenten ideal. Tendiert Ihr Boden zu einer Überlast eines Bestandteils, werden Ihre Erträge geringer ausfallen. Eine professionelle Bodenanalyse zeigt Ihnen, welche Bodenart Sie haben, und einen weniger guten Boden können Sie immer mit organischem Material wie etwa Kompost anreichern. Aber bedenken Sie, dass es Jahre dauern kann, bis Sie einen merklichen Unterschied beobachten können.

Gute Entwässerung. In stehendem Wasser können Pflanzen nicht gedeihen. Wenn Ihr Boden also keinen ausreichend hohen Sandanteil hat, sollten Sie Ihre Flachbeete an einem Platz anlegen, der leicht erhöht oder zumindest nicht tiefer als die umgebende Fläche liegt.

Leichtes Gefälle. Idealerweise haben Flachbeete eine leichte, fast nicht sichtbare Neigung. Dadurch kann Wasser gut abfließen, durch den flachen Winkel sind aber auch die nährstoffreiche Ackerkrume und der Mulch davor geschützt, bei schweren Regenfällen davongeschwemmt zu werden.

Abseits von Bäumen. Bäume beeinträchtigen das Wachstum auf zweierlei Art: Ihr Wurzelwerk unter einem Pflanzgarten entwendet Wasser und Nährstoffe, und sie werfen Schatten, was für Pflanzen, die direkte Sonne brauchen, nicht ideal ist.

Unverzichtbare Utensilien

In Kapitel 3 gehe ich auf die speziellen Gerätschaften für die unterschiedlichen Gartentypen ein, hier jedoch liste ich die Dinge auf, die jeder Garten braucht.

Für die Samenanzucht im Haus

Für die Anzucht in Innenräumen brauchen Sie Folgendes:

Anzuchttöpfe. In Kapitel 4 stelle ich spezielle Gefäße vor, am gängigsten ist aber die Anzuchtschale. Schalen mit sechs Fächern erleichtern das Umpflanzen, und Sie können die Anzahl der Schalen daran anpassen, wie viele Pflanzen Sie vorziehen wollen.

Saatgut-Startmischung. Das Saatgut sollte eine sogenannte »erdlose« Mischung sein, um Krankheiten bei jungen Sämlingen zu vermeiden. Sie können zwar auch Ihre eigene Mischung zusammenstellen, aber im Internet und in den meisten Gartencentern bekommen Sie fertige Mischungen in Tüten.

Pflanzenlampe. Das natürliche, durch ein Fenster einfallende Licht reicht für gewöhnlich nicht aus, um den Setzlingen den besten Start ins Leben zu ermöglichen. Deshalb sollten Sie für die Anzucht in eine Pflanzenlampe investieren. Viele Gartenanfänger sind mit einer 60 cm langen T5-Leuchtstoffröhre zufrieden, idealer sind jedoch LED-Leuchten. Die LED-Technologie wird immer besser und die Lampen auch immer günstiger. Am wichtigsten ist die Frage, wie weit das Licht reicht – stellen Sie sicher, dass alle Sämlinge, die Sie ansetzen, vom Licht beschienen werden.

Zum Anlegen und Pflegen des Gartens

Sie werden feststellen, dass das richtige Handwerkszeug einen großen Unterschied ausmacht. Dies sind meine Favoriten:

Bodenthermometer. Das Anpflanzen bei warmem Wetter, aber noch kühlem Boden führt zu einer geringeren Keimrate, zu verfaulenden Samen und verkümmerten Pflanzen. Ein Bodenthermometer hilft Ihnen, die richtige Zeit zum Pflanzen zu bestimmen. Am besten kaufen Sie ein leicht ablesbares digitales Thermometer. Die optimale Bodentemperatur für einzelne Pflanzen finden Sie in den Pflanzenprofilen in Teil 2.

Gartenhandschuhe. Gartenhandschuhe sorgen nicht nur dafür, dass Ihre Hände sauber bleiben. Handschuhe aus Nitril, die sich eng anschmiegen, sorgen beim Hacken und Jäten für einen besseren Griff und beim Einpflanzen für höhere Fingerfertigkeit, und sie schützen vor versteckten Dornen oder Stacheln.

Gießkanne. Eine Gießkanne ist unabdingbar für Kübelgärten. Und obwohl Hoch- und Flachbeete häufig mehr als nur eine Bewässerung von Hand erfordern, brauchen doch alle Gärtner fürs Umpflanzen und für die Ausbringung von verdünntem Flüssigdünger eine Gießkanne. Wählen Sie eine Gießkanne mit einem Fassungsvermögen von 7,5 bis 10 Litern und abnehmbarem Brauseaufsatz. Verwenden Sie diesen, wenn Sie Samen und Setzlinge gießen, und nehmen ihn ab, wenn Sie ausgewachsene Pflanzen wässern wollen.

Pflanzschaufel. Die wichtigste Funktion einer Pflanzschaufel ist es, das Umpflanzen von Setzlingen oder Pflanzen zu erleichtern. Sie können damit aber auch Kompost einbringen, Blumentöpfe füllen und Knollenfrüchte ernten. Ein Blatt aus rostfreiem Stahl und ein Gummigriff machen dieses Multifunktionswerkzeug komfortabel und langlebig.

Regenmesser. Mit einem einfachen Niederschlagsmessgerät, das Sie in jedem Gartencenter bekommen, wissen Sie immer, wann Sie Ihre Pflanzen mit zusätzlichem Wasser versorgen müssen.

Gartenschaufel und Hacke. Diese Werkzeuge sind unverzichtbar, um Erde, Mulch und andere Zusätze in den Boden einzubringen. Eine Hacke ist auch hilfreich, um Saatgut in Reihen zu pflanzen und wucherndes Unkraut zu jäten. Wählen Sie eine mit einem Blatt aus rostfreiem Stahl. Ein Griff aus Gummi ist ebenfalls von Vorteil.

Zum Ernten und Lagern

Schon bei der Planung eines Gartens ans Ernten und Einlagern des Gemüses zu denken, mag voreilig erscheinen, wenn dann aber die Erntezeit gekommen ist, werden Sie froh sein, dass Sie vorbereitet sind.

Eimer oder Korb. Beim Ernten sollten Sie immer einen Eimer oder einen Korb zur Hand haben. Wenn Sie sich für einen Korb entscheiden, wählen Sie einen enger geflochtenen, damit kleineres Gemüse (beispielsweise grüne Bohnen) nicht durchrutschen können.

Gartenmesser. Einige Gemüsesorten wie Zucchini, Kohl und Brokkoli sind mit einem Messer leichter zu ernten als mit der Gartenschere. Ein Gartenmesser macht einen sauberen Schnitt, ohne die Pflanze zu beschädigen.

Gartenschere. Viele Gemüse- und Kräutersorten können Sie mit der Hand ernten, andere (wie Paprikaschoten, Okraschoten und Gurken) müssen sauber abgeschnitten werden, um die restliche Pflanze nicht zu beschädigen. Eine Gartenschere ist ein Multifunktionswerkzeug, das ich zum Ernten am liebsten benutze.

Wiederverwendbare Plastikbeutel. Die meisten Produkte (mit Ausnahme von Tomaten und ein paar anderen) müssen nach der Ernte sofort gekühlt werden. Wählen Sie dafür verschließbare Gefrierbeutel, die Sie immer wieder verwenden können.

In 10 Schritten zum ertragreichen Gemüsegarten

Entscheiden Sie sich für die Gartenart, die am besten zu Ihrem Lebensstil passt. Wollen Sie Ihr Gemüse auf dem Boden, in Hochbeeten, in Kübeln oder in einer Kombination aus allen dreien anbauen? Welche Art Sie auch wählen, stellen Sie sicher, dass Sie ihr sowohl finanziell als auch zeitlich und körperlich gewachsen sind. Flachbeete sind anfangs kostengünstiger, brauchen aber mehr Zeit und Arbeitsaufwand. Hochbeete und Kübelgärten erfordern finanziellen und körperlichen Einsatz, aber die freie Zeit im Laufe der Saison lohnt es, sie in Erwägung zu ziehen.

Wählen Sie den Platz für den Garten sorgfältig aus. Wo Sie Ihren Garten anlegen, wird sich direkt auf den Ertrag auswirken. Ein gut gedeihender Garten braucht ausreichend Sonne und Wasser. Und je näher er an Ihrem Haus

Weitere wünschenswerte Geräte

Alle Gärtner investieren in ein paar weitere Werkzeuge, auch wenn sie nicht absolut notwendig sind. Wenn Sie das entsprechende Budget haben, könnten Sie sich diese praktischen Dinge besorgen.

Dreizinkige Wurzelkralle. Um vor dem Einpflanzen die Erde aufzulockern und Unkraut zu jäten, ist eine dreizinkige Wurzelkralle ideal. Kaufen Sie eine aus rostfreiem Stahl mit dünnen Spitzen und einem Gummigriff.

Feuchtigkeitsmessgerät. Eine Pflanze reagiert auf Über- und Unterwässerung gleich. Mit einem Feuchtigkeitsmesser wissen Sie, ob Sie eine Pflanze oder ein Beet gießen müssen. Solch ein Gerät ist zwar in allen Gärten hilfreich, ganz besonders aber in Kübelgärten.

Mikrotip-Gartenschere. Mit einer Gartenschere mit Mikrospitze können Sie feinere Arbeiten, wie das Ernten von Tomaten, kleinen Paprikaschoten und Kräutern schnell erledigen. Auch wenn eine Allzweckschere ausreicht, finde ich es hilfreich, beide zu haben.

Schubkarre. Der Transport von Erde, Kompost und Mulch gehört zum Leben eines jeden Gärtners. Eine Schubkarre macht diese Aufgabe entschieden leichter.

Stuhl oder Kniepad. Ob Sie anpflanzen, Unkraut jäten oder ernten – Ihr Rücken und Ihre Knie sind dankbar, wenn Sie bei der Arbeit komfortabel sitzen oder knien können. Mein Lieblingssitzplatz im Garten ist ein Klappstuhl mit Taschen fürs Werkzeug.

Tropfbewässerung oder Sickerschlauch/-schläuche mit Zeitschaltuhr. Fast in jeder Klimazone müssen Gärten zu gewissen Zeiten zusätzlich bewässert werden. Wenn sie mit einer automatischen Zeitschaltuhr versehen sind, sparen Sie mit einer Tropfbewässerung und Sickerschläuchen Zeit, um andere Aufgaben im Garten zu erledigen.

liegt, desto wahrscheinlicher gehen Sie jeden Tag in den Garten – ein weiterer Schlüssel zum Erfolg.

Informieren Sie sich über Ihre Anbauzone und die Frostdaten. Wenn Sie Ihre Anbauzone kennen, verstehen Sie die allgemeinen klimatischen Bedingungen besser, und Sie wissen, welche Pflanzen den Winter überstehen. Es ist ein gängiger Irrtum zu glauben, dass die Anbauzone besagt, *wann* Pflanzzeit ist, aber das ist nicht der Fall. Vielmehr weisen die durchschnittlichen Termine des letzten Frosts im Frühling und des ersten Frosts im Herbst darauf hin, wann man welches Gemüse pflanzen soll. Auf Seite 168 finden Sie Informationen dazu, wie Sie Ihre Anbauzone und die Frostdaten herausfinden.

Führen Sie Buch. Wir glauben gern, dass wir uns an jedes Detail unseres Gartens erinnern, das stimmt aber nicht. Wenn Sie über Pflanzdatum, Anlage des Gartens, Schädlingsprobleme und andere Faktoren Buch führen, können Sie in der nächsten Saison entsprechende Korrekturen vornehmen. Das wird sich bei künftigen Fruchtfolgen, der Auswahl der Gemüsesorten, der Schädlingsbekämpfung und vielem mehr als nützlich erweisen.

Fangen Sie klein an. Gartenanfänger machen häufig den Fehler, zu viel anzubauen. Im Laufe der Saison stellen sie dann fest, dass sie mit der Pflege des Gartens überfordert sind und fühlen sich entmutigt und erschöpft. Am besten fangen Sie mit ein paar Pflanzen auf einer kleineren Fläche an – später können Sie das Ganze immer noch ausdehnen. Das Ziel sollte sein, dass Sie am Ende der Saison fürs nächste Jahr mehr wollen – und das passiert nur, wenn Sie am Anfang eher zurückhaltend sind.

Informieren Sie sich über die Bedingungen, die das Gemüse, das Sie anbauen wollen, braucht. Die meisten Gemüsesorten fallen entweder in die Kategorie »Kulturen für die kalte Jahreszeit« oder aber »Kulturen für die warme Jahreszeit«. Wenn Sie wissen, wozu Ihr Lieblingsgemüse gehört, wissen Sie, wann Sie es – basierend auf Ihrer Anbauzone – pflanzen müssen. So können Sie auch durch sukzessiven Anbau (siehe Kapitel 2) das Beste aus Ihrem Garten herausholen. Die Pflanzenprofile in Teil 2 helfen Ihnen dabei, die Unterschiede zu erkennen und zu entscheiden, wann Sie was anpflanzen.

Achten Sie auf die Gesundheit des Bodens. In einem ökologischen Garten steht die Bodengesundheit in direktem Zusammenhang mit der Gesundheit und dem Ertrag der Pflanzen. Gesunde Pflanzen liefern nicht nur größere Erträge, sondern halten auch Krankheiten und Schädlingen besser stand. Fangen Sie mit hochwertiger Erde an und reichern Sie sie regelmäßig mit organischem Material wie Kompost, Mulch und Wurmkompost an.

Informieren Sie sich über die Größe einer ausgewachsenen Pflanze, ehe Sie sie anbauen. Gartenanfänger bereuen oft, dass sie nicht auf die richtigen Abstände der Pflanzen geachtet haben. Diese beeinflussen direkt die Gesundheit und den Ertrag der Pflanzen. Stehen sie zu nahe beieinander, rivalisieren sie um Nährstoffe, der Gesamtertrag wird geringer, und auch Krankheiten und Schädlinge sind häufiger ein Problem. Stehen sie wiederum zu weit auseinander, kann Unkraut wuchern, das ihnen Nährstoffe und Wasser streitig macht. Wenn Sie die Größe der ausgewachsenen Pflanzen kennen, ehe Sie einen Samen einsetzen oder einen Setzling pflanzen, können Sie von Anfang an für die optimale Umgebung Ihres Gemüses sorgen.

Bewässerung und Mulchen einplanen. Legen Sie Ihren Garten in der Nähe einer Wasserquelle an und überlegen Sie, wie Sie ihn bewässern, wenn kaum Regen fällt. Möchten Sie mit der Hand gießen, oder bevorzugen Sie ein Tropfsystem oder Sickerschläuche? Diese Entscheidung sollten Sie treffen, ehe Sie den Garten bepflanzen. Planen Sie außerdem, später organischen Mulch, beispielsweise Holzspäne oder Laub, auszubringen. Mulch reguliert den Wasserhaushalt, reduziert die Verdunstung, verhindert Unkraut und reichert den Boden an.

Passen Sie Ihre Erwartungshaltung an. Gartenneulinge haben hohe Erwartungen, was auch völlig normal ist. Aber jeder Garten hat seine Erfolge und seine Misserfolge. (Selbst die erfahrensten Gärtner werden Ihnen das bestätigen.) Nur wenn Sie sowohl aus Misserfolgen als auch aus Erfolgen lernen, werden Sie als Gemüsegärtner langfristig erfolgreich sein.

KAPITEL 2

Den Gemüsegarten planen

Brennen Sie darauf, endlich loszulegen? Ich freue mich mit Ihnen, aber bevor Sie anfangen, Werkzeuge zusammenzutragen und Saatgut zu bestellen, brauchen Sie einen Plan. Der Unterschied zwischen einem ertragreichen, gut gedeihenden Garten und einem, der nicht viel hergibt, liegt häufig in der Planung.

In diesem Kapitel sprechen wir über wichtige Vorüberlegungen, beispielsweise wo und wann man pflanzt, was man pflanzt und was im jeweiligen Klima Erfolg verspricht.

Wo soll der Garten hin?

Die erste Entscheidung, die es zu treffen gilt, ist die Wahl des Standorts. Da es schwierig ist, den Garten zu verlegen, wenn Sie ihn erst einmal angelegt haben, sollten Sie folgende Faktoren gründlich erwägen.

Folgen Sie der Sonne!

Viele der beliebtesten Gemüsesorten für den heimischen Garten brauchen in der Wachstumsphase volle, direkte Sonne, das heißt mindestens 6–8 Stunden ungefiltertes Sonnenlicht am Tag, ohne jegliche Beschattung. Einige Gemüse- und Kräuterpflanzen kommen zwar auch mit weniger Sonne zurecht, aber am besten wählt man den sonnigsten Teil des Gartens aus.

Bedenken Sie, dass sich der Einfallswinkel der Sonne im Jahresverlauf ändert und der sonnigste Platz in der Nebensaison nicht der sonnigste Platz in der Wachstumsphase ist. Überlegen Sie, wie die Sonne im Hochsommer steht. Und bedenken Sie, dass eine Fläche in der Nähe eines Laubbaums zwar im Winter volle Sonne hat, im Sommer aber, wenn er Blätter trägt, zumeist im Schatten liegt.

Schauen Sie auch, wo ein potenzieller Garten in Relation zu Bauten wie Ihrem Wohnhaus oder einem Schuppen liegen würde. In allen Klimazonen, außer den heißesten, profitieren nach Westen und Süden ausgerichtete Gärten am meisten von der Nachmittagssonne.

Bestimmte Pflanzen bevorzugen etwas Schatten, insbesondere in heißen Klimazonen. Um schattenliebende Exemplare können Sie immer noch höhere Gemüsepflanzen anbauen, den Schatteneinfall von Häusern oder Bäumen können Sie jedoch nicht ändern.

Legen Sie den Garten in Sichtweite an

»Aus den Augen, aus dem Sinn.« Vielleicht sieht es jetzt nicht danach aus, aber mitten in der Wachstumsphase werden Gärten, die nicht in bequemer Nähe zum Haus liegen, eher vernachlässigt.

Eine Redewendung lautet: »Der beste Dünger ist der Schatten des Gärtners.« Der tägliche Gang in den Garten sorgt dafür, dass Sie kleine Probleme erkennen können, bevor sie zu großen Ärgernissen werden. Wenn Sie Probleme früh angehen, sorgen Sie für einen gesunden und ertragreichen Garten.

Sorgen Sie für reichlich (aber nicht zu viel) Wasser

Legen Sie Ihren Garten nach Möglichkeit in die Nähe einer Wasserquelle wie etwa eines Außenwasserhahns. Denn wenn zusätzliche Bewässerung einfach zugänglich ist, können Sie den Wasserbedarf Ihrer Pflanzen leichter stillen.

Zu viel Wasser kann sich allerdings negativ auswirken. Deshalb sollte sich Ihr Garten nicht in der Nähe von Regenrinnen oder in tiefliegenden Bereichen befinden. Aus Unwissenheit habe ich meinen ersten Garten, der ausschließlich aus Flachbeeten bestand, an der tiefsten Stelle meines Grundstücks angelegt. Die Regenfälle im Winter und Frühling machten ihn matschig, und nur wenige Pflanzen überlebten das. Beachten Sie das natürliche Gefälle auf Ihrem Grundstück und vermeiden Sie es, den Garten in den am tiefsten gelegenen Bereichen anzulegen.

Machen Sie das Beste aus dem, was Sie haben

Wenn Sie nicht gerade ein großes Anwesen mit zahlreichen unterschiedlichen Bereichen besitzen, haben Sie vermutlich nur eine oder bestenfalls einige wenige Optionen für den Standort Ihres Gemüsegartens. Vielleicht hat Ihr Grundstück mehr Schatten, als Sie möchten, oder Sie würden sich mehr Platz wünschen. Vielleicht ist die einzige sonnige Stelle zufällig die am tiefsten gelegene. Falls es also unmöglich scheint, die ideale Fläche für Ihren Garten zu finden, sollten Sie folgende Notlösungen in Betracht ziehen.

Schatten ist nicht zu vermeiden?

- Pflanzen Sie Gemüse und Kräuter an, die Schatten vertragen. Fruchttragende Gemüsesorten wie Tomaten und Gurken brauchen volle

Sonne. Blattgemüse wie beispielsweise Kopfsalat und die meisten Wurzelfrüchte (beispielsweise Rote Bete und Möhren) gedeihen jedoch auch im Halbschatten gut.

- Sorgen Bäume für den Schatten, könnten Sie ein paar untere Äste entfernen, damit mehr Licht hindurchfällt.
- Wenn ein Gebäude unerwünschten Schatten wirft, bringen Sie an der Mauer eine reflektierende Verkleidung an oder streichen Sie sie in einer hellen Farbe. Die Reflexion erhöht die Menge des Lichts, das zu den Pflanzen gelangt.
- Wenn Sie Gemüse in Kübeln anbauen wollen, stellen Sie diese auf Rolluntersetzer, sodass Sie fruchttragende Pflanzen im Laufe des Tages dem Sonnenstand nach umplatzieren können.

Nur wenig Platz?

- Bauen Sie kompakte, ertragreiche Pflanzen an. Exzellente Beispiele sind Kürbisse, Gurken, Paprikaschoten und determinante Tomatensorten (siehe Beschreibung von Tomaten Seite 144).
- Bauen Sie auch vertikal wachsende Pflanzen an, um mehr unterzubringen. Möhren wachsen gut unterhalb von Stangenbohnen, und Kopfsalat gedeiht unter Klettergurken.
- Platzieren Sie im Rahmen einer Mischkultur Pflanzen mit höherem Wuchs (etwa Tomaten und Paprikaschoten) neben niedrigeren Pflanzen (etwa Kopfsalat und Rote Bete).

Kein guter Wasserablauf?

Wenn Ihr ganzes Grundstück in regenreichen Zeiten unter Wasser steht, können Hochbeete die perfekte Lösung sein. Die Beete sollten mindestens 25 cm hoch sein, damit das Wasser gut abfließen kann und nicht zu viel Wasser aus dem Boden darunter aufgenommen wird.

Noch immer keinen idealen Platz gefunden?

Vielleicht könnten Sie Ihr Gemüse in einem örtlichen Gemeinschaftsgarten oder in einer Kleingartenanlage anbauen. Erkundigen Sie sich nach den Möglichkeiten in Ihrer Gemeinde.

Welche Art von Garten wollen Sie haben?

Wenn Sie jetzt den besten Platz für Ihren Garten gefunden haben, ist es an der Zeit zu überlegen, welche Gartenbaumethode die richtige ist.

Hochbeet oder Kübelgarten?

Die meisten Hochbeete haben keinen stabilen Boden, sondern sind unten offen, und die Wurzeln der Pflanzen können sich ins Erdreich ausdehnen. Kübelpflanzen hingegen steht nur begrenzter Raum zur Verfügung.

Hochbeete sind recht einfach zu bauen, und Pflanzgefäße gibt es fertig zu kaufen. Beide müssen mit Erde gefüllt werden, aber wenn Sie Zugriff auf heimisches Erdreich haben, können Sie für ein Hochbeet eine Mischung daraus verwenden und so Geld für die Erde sparen.

Kübelpflanzen müssen regelmäßig bewässert werden – wenn Sie häufig nicht zu Hause sind, sollten Sie das bedenken. Hochbeete bieten mehr Pflanzmöglichkeiten, aber Kübelgärten brauchen in der Regel weniger Pflege und Aufwand.

Größe und Form des Gartens veranschlagen

Die meisten Heimgärtner, die in der Hochsaison 1 Stunde pro Woche Ihrem Garten widmen können, bewältigen problemlos ein paar Hochbeete. Obwohl es diese in unterschiedlichen Formen und Größen gibt, empfehle ich Ihnen, eine konventionelle Größe zu wählen. Ein schlichtes Beet mit den Maßen 1,20 x 2,40 m oder 1,20 x 3,50 m oder 1 x 1,80 m bietet viele Möglichkeiten.

Wenn Sie sich für einen Kübelgarten entscheiden, werden die Optionen wohl nicht vom zeitlichen Aufwand begrenzt, sondern eher von Ihrem Budget. Pflanzgefäße und Erde können ganz schön kostspielig sein. Aber Sie können ja mit ein paar Töpfen anfangen und mehr dazukaufen, wenn der Geldbeutel es erlaubt.

Kombinierte Gärten

Und wenn Sie sich einfach nicht für einen Gartentyp entscheiden können? Nun, viele Gärtner lieben es, die verschiedenen Arten miteinander zu kombinieren. Ich selbst baue Gemüse und Kräuter am Boden, in Hochbeeten und in Kübeln an. Weil jede Methode ihre Vor- und Nachteile hat, nutze ich jede zu meinem Vorteil.

Häufig geerntete Pflanzen wie Blattgemüse und Salat sind ideal für Kübel. Andere Gemüsesorten wie Zwiebeln und Paprika gedeihen in der warmen, durchlässigen (aber nicht zu durchlässigen) Erde von Hochbeeten. Und wieder andere wie beispielsweise Mais werden am besten auf einer größeren Fläche am Boden angebaut.

Unabhängig vom Platzangebot sollten Sie auch vertikale Pflanzungen erwägen. Tomaten, Gurken und Stangenbohnen profitieren beispielsweise davon, wenn sie in Kübeln, Hoch- oder Flachbeeten an Spalieren hochwachsen können.

Was sollten Sie anbauen?

Neben Ihren eigenen Vorlieben können auch andere Faktoren wie Ihre Wohngegend und der gewählte Gartentyp mitbestimmen, was Sie anbauen. Im Folgenden gehe ich näher auf diese Erwägungen ein.

Finden Sie Ihre Anbauzone heraus

Wenn Sie Ihre Anbau- und Klimazone kennen, können Sie Ihre allgemeinen Wachstumsbedingungen besser verstehen und einordnen, welche Pflanzen bei Ihnen wahrscheinlich am besten gedeihen. Die in elf Kategorien eingeteilten Anbauzonen beruhen auf der jährlichen Durchschnittstemperatur (siehe Seite 168).

Anbauzonen wurden entwickelt, um Gärtnern die Entscheidung zu erleichtern, welche *mehrjährigen* Pflanzen den Winter in einer bestimmten Gegend überdauern. Da einjährige Pflanzen ihren Lebenszyklus in einer einzigen Saison abschließen und den Winter nicht überstehen, gelten Anbauzonen streng genommen für sie nicht.

Doch auch wenn die Zone für die meisten Gemüse- und Kräuterpflanzen in Ihrem Garten keine Rolle spielt, können Sie mit ihrer Hilfe erkennen, welche Pflanzen in einer bestimmten Jahreszeit am besten wachsen, welche Pflanzenarten gut und welche möglicherweise überhaupt nicht gedeihen.

Gärtner in den kühleren Zonen 1 bis 4 könnten beispielsweise den ganzen Sommer über Pflanzen für die kalte Jahreszeit anbauen, aber ihre Saison ist nicht lang genug, damit hitzeliebende Pflanzen wie Okra und große Melonen gedeihen. Und Gärtner in den wärmeren Zonen 7 bis 11 können in der Regel im Sommer kein Wintergemüse wie Kopfsalat anbauen, dafür aber im Herbst und Winter.

Samentütchen, Saatgutkataloge und Pflanzenetiketten liefern hier gute Informationen, denn sie informieren darüber, ob eine bestimmte Pflanze in Ihrer Anbauzone gedeiht. In Kapitel 3 gehe ich näher darauf ein.

Bestimmung des Mikroklimas

Neben der Anbauzone sind auch andere Faktoren zu berücksichtigen, die speziell auf Ihren Garten zutreffen. Die Nuancen Ihres genauen Standorts, des *Mikroklimas*, verändern die Wachstumsbedingungen und können sich auch auf den Zeitpunkt des Frostes auswirken. Die Frostdaten zu kennen, ist einer der Schlüsselfaktoren für die Planung, wann und was Sie anpflanzen (siehe Seite 28).

Mikroklimata können rund um Bauwerke, Berge, Gewässer, Hänge usw. auftreten. In Gärten an einer Südmauer etwa kann es wärmer sein, was in wärmeren Zonen die Fruchtbildung von Tomaten verhindert, in kühleren Zonen aber einen höheren Ertrag ermöglicht.

In Gärten im Schatten eines Berges, in einem Tal oder am Fuß eines Abhangs kann es im Frühling länger und im Herbst früher zu Frost kommen als in höher gelegenen Gegenden. In dieser Art von Mikroklima kann es nötig sein, die Sommerpflanzung auf später zu verschieben oder frostempfindliche Pflanzen abzudecken.

Dies sind nur ein paar Beispiele für Mikroklimata, und Sie sollten ein Auge darauf haben, wie Ihre Pflanzen auf Ihr Mikroklima reagieren. Achten Sie auf die regionalen Termine des letzten und ersten Frostes im Jahr und vergleichen Sie diese mit Ihren tatsächlichen Erfahrungen im Laufe der Jahre. Wenn sich Ihre individuellen Gegebenheiten von den Durchschnittswerten in Ihrer Gegend unterscheiden, können Sie Ihre Pflanzen und den Zeitpunkt des Anpflanzens entsprechend anpassen.

Bedenken Sie Gartentyp und Platzbedarf

Die meisten Pflanzen gedeihen sowohl in Kübeln als auch in Hoch- und Flachbeeten. Manche sind jedoch für die eine oder andere Form besser geeignet.

Es gibt Kräuter (beispielsweise Minze, Zitronenmelisse und Oregano), die sich offensiv ausbreiten und die deshalb ideal als Kübelpflanzen sind. Wenn Sie sie im Hoch- oder Flachbeet anbauen, werden sie andere Pflanzen schnell überwuchern und unterdrücken.

Einige Pflanzen gelten als »Starkzehrer«, das heißt, sie brauchen mehr Nährstoffe als andere. Solche Starkzehrer wie etwa Tomaten, Kürbis, Kohl und Brokkoli gedeihen zwar auch in Pflanzgefäßen gut, sie lieben aber feuchtigkeitsspeichernde Hochbeete, in denen sie auch besseren Zugang zu den Nährstoffen im Boden haben. Dadurch verringert sich ihr Bedarf an zusätzlicher Düngung. Hochbeete sind auch ideal für Kulturen, die für eine reiche Ernte eine größere Zahl einzelner Pflanzen benötigen, wie etwa Bohnen, Erbsen und Okraschoten.

Manche Pflanzen brauchen auch mehr Platz als andere. Wenn Sie den Ertrag Ihres Gartens optimieren wollen, ist ein Pflanzgefäß voller Blattgemüse, das Sie über Monate satt macht, vielleicht besser als ein Gefäß mit einer einzigen Kohlpflanze, die nur einen Kohlkopf liefert.

Greifen Sie zu Pflanzen, die sich vertragen

Gemüse und Kräuter profitieren vom Anbau in Mischkulturen. Es gibt zwar kaum wissenschaftliche Studien zu diesem Thema, aber wir wissen, dass Ihr Garten umso gesünder ist, je vielfältiger die darin angepflanzten Gemüse, Kräuter und Blumen sind. Manche Pflanzen scheinen Nachbarpflanzen vor Schädlingen zu schützen. So kann beispielsweise Eiszapfenrettich Lederwanzen und Gurkenkäfer abwehren.

Umgekehrt beeinflussen aber einige Pflanzen andere, in der Nähe angebaute, negativ. Brokkoli und Tomaten nehmen beispielsweise beide viel Kalzium auf. Pflanzt man sie zusammen, könnte das zu kleineren Brokkoliköpfen und bei Tomaten zu Blütenendfäule führen. Pflanzen aus einer Familie (etwa Weiß- und Blumenkohl) werden häufig von denselben Schädlingen und Krankheiten heimgesucht und ziehen die gleichen Nährstoffe aus dem Boden. (Pflanzen

Häufige Kombinationen für Mischkulturen

Pflanze	Freunde	Feinde	Begründung
Tomaten	Basilikum Möhren	Kartoffeln Mais	Möhren ziehen Marienkäfer an, deren Larven Blattläuse fressen. Basilikum soll Blattläuse, Tomatenschwärmer und Heerwürmer abwehren. Kartoffeln sind wie Tomaten anfällig für Pilzkrankheiten, und sowohl Tomaten als auch Mais ziehen den schädlichen Maisohrwurm und den Tomatenfruchtwurm an.
Kürbis/ Zucchini	Ringelblume Kapuzinerkresse Thymian Eiszapfenrettich		Die Kräuter und der Rettich können Lederwanzen und Gurkenkäfer dezimieren.
Erbsen	Möhren Radieschen	Bohnen	Flach wurzelnde Erbsen vertragen sich gut mit Wurzelgemüse. Erbsen und Bohnen haben ähnliche Nährstoffbedürfnisse und gedeihen am besten getrennt voneinander.
Spinat Kopfsalat Blattgemüse	Paprikaschoten		Im Sommer profitieren die kühles Wetter liebenden Pflanzen vom Schatten der Paprikastaude.
Möhren	Zwiebeln Radieschen	Dill	Zwiebeln wehren die Möhrenrostfliege ab. Radieschen wachsen schnell, Möhren langsam. Radieschen können geerntet werden, um Platz für Möhren zu schaffen, wodurch das Maximum aus der Fläche herausgeholt wird. Dill soll das Wachstum von Möhren hemmen.

Pflanze	Freunde	Feinde	Begründung
Kohl	Thymian Kapuzinerkresse Ringelblume Zwiebeln	Brokkoli Grünkohl	Kräuter und Zwiebeln wehren Kohlwürmer, Höckereule und Raupen ab. Brokkoli und Grünkohl ziehen Kohlraupen an.
Gurke	Bohnen Brokkoli Kopfsalat Zwiebeln Erbsen Radieschen	Kürbis/ Zucchini	Buschbohnen und andere kleine Gemüsesorten wachsen am Fuß rankender Gurkenpflanzen. Kürbis und Zucchini sind für dieselben Krankheiten anfällig wie Gurken, sodass man sie am besten getrennt anbaut.

mit ähnlichen Eigenschaften – wie Aussehen, Wuchsform und Form der Samen und Setzlinge – werden in Pflanzenfamilien zusammengefasst.)

Neben der Schädlingsabwehr und dem unterschiedlichen Nährstoffbedarf haben Mischkulturen noch weitere Vorteile. Gemüsesorten, deren Wuchsform und Nährstoffbedarf sich unterscheiden, profitieren voneinander (Pflanzen, die kühleres Wetter bevorzugen, können beispielsweise im Schatten von hitzeliebenden Arten angebaut werden). Dies ist zudem eine hervorragende Möglichkeit, eine kleine Fläche optimal zu nutzen.

Doch auch wenn ein paar gemischte Pflanzen Ihrem Garten guttun, sollten Sie für den Anfang noch nicht zu tief in dieses Thema eintauchen. Beginnen Sie mit diesen Vorschlägen und experimentieren Sie dann später mit anderen Kombinationen.

Wann und wie sollte Gemüse angepflanzt werden?

In diesem Abschnitt erfahren Sie, wie man das Timing des Anpflanzens richtig plant, Saatgut im Haus vorzieht, andere Pflanzen direkt ins Freie setzt, den richtigen Platz fürs Gemüse wählt und eine Fruchtfolge konzipiert.

Machen Sie sich über die Frostdaten in Ihrer Region schlau

Für die Entscheidung, wann Sie was anpflanzen, sind die durchschnittlichen Zeiten des letzten und des ersten Frostes im Jahr vermutlich noch wichtiger als Ihre Anbauzone.

Im Frühjahr setzen Sie die Pflanzen jeweils eine bestimmte Wochenanzahl vor oder nach dem durchschnittlich letzten Frostdatum ein. Dasselbe gilt für Pflanzen, die Sie im Herbst ernten wollen – diese setzen Sie in Relation zum durchschnittlich ersten Frostdatum im Herbst ein.

Die Daten erfahren Sie bei örtlichen landwirtschaftlichen Beratungsstellen oder im Internet (siehe Seite 168). Bedenken Sie, dass es sich bei diesen Daten um Durchschnittswerte handelt, das heißt, dass auch 2 Wochen davor oder danach Frost auftreten kann. Außerdem kann auch Ihr Mikroklima (siehe Seite 37) diese Daten beeinflussen.

Saatgut vorziehen oder direkt aussäen

Viele Gartenneulinge entscheiden sich dafür, nur Setzlinge aus einer Gärtnerei oder einem Gartencenter einzupflanzen. Andere wiederum reizt der Gedanke, Samen einzusetzen, ganz zu schweigen davon, dass viele Pflanzen (wie etwa Bohnen) sich nicht gut umpflanzen lassen und deshalb am besten aus Saatgut gezogen werden. Zudem sind Samen vergleichsweise preiswert.

Wenn Sie sich für die Aussaat von Samen entscheiden, müssen Sie sich überlegen, ob Sie die Samen im Haus anzüchten oder direkt im Freiland aussäen.

Tomaten und Paprika eignen sich besonders gut für die Anzucht im Haus. Aufgrund ihrer langen Wachstumsphase müssen sie meist früher ausgesät werden, und weil sie unter kühlen Bedingungen nicht gut gedeihen, sind kontrollierte Raumbedingungen für sie am besten. Falls Sie sie nicht im Haus vorziehen wollen, sollten Sie besser Setzlinge kaufen.

Andere Pflanzen eignen sich besser zum direkten Aussäen. Das Saatgut von Bohnen, Kürbissen, Zucchini, Erbsen, Mais, Möhren, Spinat und Roter Bete wird vorzugsweise direkt im Garten ausgebracht. Das Wichtigste für die richtige Keimung ist die Bodentemperatur, und ich rate Ihnen dringend, sich ein preisgünstiges Bodenthermometer anzuschaffen, um sicherzugehen, dass die Erde warm genug für die Aussaat ist.

Jede Pflanze, die Sie anbauen wollen, hat eine individuelle Anpflanzzeit und Bodentemperatur; lesen Sie dazu die Pflanzenprofile in Teil 2. Wenn Sie unter Zeitdruck stehen und sich den Einstieg in Ihren ersten eigenen Garten erleichtern wollen, können Sie die Anzucht im Haus überspringen. Viele Anfänger kaufen Jungpflanzen und setzen diese gleich im Garten ein. Einige Gemüsesamen keimen und wachsen sogar besser, wenn sie direkt in die Erde eingebracht werden.

Abstände einhalten

Wie können Sie herausfinden, in welchen Abständen Sie Samen aussäen oder Setzlinge einpflanzen müssen?

Die richtigen Abstände sind wichtig. Wenn Gemüse zu nahe beieinander ausgebracht wird, konkurriert es um Nährstoffe und Wasser, was den Ertrag mindert. Wenn die Abstände jedoch zu groß sind, drängt sich Unkraut dazwischen.

Samenpackungen, Pflanzetiketten und die Profile in Teil 2 geben Ihnen Hinweise zu den richtigen Abständen. Auf Samentütchen steht oft die Anweisung, mehr Samen zu säen, als Sie letztendlich haben wollen. Wenn sie gekeimt haben, entfernen Sie überschüssige Setzlinge, indem Sie sie auf Bodenhöhe abschneiden, um den nötigen Abstand herzustellen. Wenn Sie sich an die Profile in diesem Buch halten, empfehle ich, immer doppelt so viele Samen auszusäen und jeden zweiten Sprössling zu entfernen, falls alle keimen sollten.

Bedenken Sie, dass sich die auf den Samentütchen empfohlenen Pflanzabstände auf Reihen in einem traditionellen Flachbeet beziehen. In Kübeln und Hochbeeten gibt es keine Wege, deshalb müssen Sie nicht so viel Abstand zwischen den Reihen lassen. Richten Sie sich stattdessen nach den Empfehlungen fürs Aussäen und pflanzen Sie in alle Richtungen. Zum Beispiel wird geraten, Buschbohnensamen im Abstand von 7,5 cm in Reihen mit 60 cm Zwischenraum zu setzen und nach der Keimung so auszudünnen, dass sie 15 cm Abstand haben. In einem Hochbeet oder einem Pflanzgefäß können Sie die Samen aber mit 7,5 cm Abstand in alle Richtungen pflanzen und dann die Hälfte der Keimlinge entfernen.

Die empfohlenen Abstände zwischen den Pflanzen sind natürlich nur allgemeine Richtlinien. Versuchen Sie, diese möglichst einzuhalten, aber ein Lineal brauchen Sie im Garten nicht ... es sei denn, Sie wollen unbedingt eines verwenden.

Sukzessiver Anbau

Mit sukzessivem Anbau, das heißt, nachdem eine Pflanze die Produktion eingestellt hat, wird eine zweite gepflanzt, können Sie aus derselben Fläche doppelt so viel Ertrag ziehen. Zum Beispiel können Sie Sommerkürbisse ausbringen, nachdem Sie Buschbohnen abgeerntet und deren Wurzeln herausgezogen haben.

Noch mehr Optionen bietet die Staffelpflanzung. Dabei setzen Sie eine zweite Pflanze neben eine andere, die sich dem Produktionsende nähert. Die beiden Pflanzen wachsen nebeneinander, bis die erste herausgezogen wird. Ich pflanze beispielsweise Paprikasetzlinge zwischen reife Spinat- oder Salatpflanzen. Wenn es im Sommer immer wärmer wird, schießen diese Frühjahrskulturen ins Kraut, und ich ziehe sie heraus, damit die Paprikapflanzen ihren Platz übernehmen können.

Um das Beste aus dem sukzessiven Anbau herauszuholen, ist es hilfreich zu wissen, ob eine Pflanze nur einmal, die ganze Saison über Ernte erbringt oder so lange, bis Hitze oder Kälte ihre Produktion beendet. Wurzelgemüse etwa wird nur einmal geerntet, während Buschbohnen und Erbsen ein paar Wochen lang Früchte tragen und in die Kategorie »kurze Ernte« fallen. Stangenbohnen wiederum liefern ganzjährige Ernte bis zum ersten Frost, und viele Blattgemüse sind »wetterabhängig«, das heißt, sie sind ertragreich, bis zu hohe Temperaturen sie ins Kraut schießen lassen. Die Erntekategorien der einzelnen Pflanzen finden Sie in Teil 2.

Hier gebe ich Ihnen ein paar Beispiele für Erntekategorien, die für den sukzessiven Anbau wichtig sind: Buschbohnen und determinante Tomatensorten, etwa Roma, haben kurze Erntezeiten; Sie ernten sie ein paar Wochen lang, dann stellen sie die Produktion ein. Wenn Sie sie entfernen, können Sie entweder die gleichen Sorten noch einmal anbauen oder etwas anderes wie beispielsweise Sommerkürbis oder eine frühe Herbstfrucht. Stangenbohnen und indeterminante Tomatensorten (die meisten Schnitttomaten) hingegen tragen die ganze Saison über Früchte, für sie brauchen Sie keine Nachfolgekultur einzuplanen.

Solange Sie die natürlichen Vorlieben der Pflanzen für bestimmte Wachstumsbedingungen beachten und die Erntezeit der einzelnen Sorten kennen, sind die Kombinationsmöglichkeiten für Sukzessions- und Staffelpflanzungen ganz Ihrer Fantasie überlassen.

Fruchtwechsel

Wenn Sie alle möglichen Standorte und deren Kombinationen überdenken und dann noch berücksichtigen, dass Sie Ihre Gemüsesorten jedes Jahr wechseln müssen, kann Ihnen schon mal der Kopf schwirren!

Zum Glück ist ein Fruchtwechsel aber keine schrecklich komplizierte Sache. Halten Sie sich einfach an dieses grundlegende Schema: Bauen Sie möglichst nicht in jeder Saison Gemüse aus derselben Familie am gleichen Platz an. Das hat zwei Gründe: Erstens überdauern im Boden einige Krankheitserreger und Schädlinge, die eine Pflanzenfamilie befallen. Wenn Sie anfällige Pflanzen in der nächsten Saison an einen anderen Platz setzen, unterbrechen Sie damit den Krankheits- und Schädlingskreislauf. Zweitens absorbieren unterschiedliche Pflanzenfamilien unterschiedliche Mengen an Nährstoffen, manche geben sogar Nährstoffe an den Boden ab. Mais und Kürbis etwa brauchen im Vergleich zu anderen Pflanzen viel Stickstoff, und wenn Sie ihren Standort jedes Jahr ändern, beugt das dem Auslaugen des Bodens und Minderwuchs vor. Bohnen hingegen reichern den Boden mit Stickstoff an, und Ihr Garten profitiert davon, wenn sie jedes Jahr an einer anderen Stelle Gutes tun können.

In den Beschreibungen der Pflanzen in Teil 2 finden Sie die Familie der einzelnen Pflanzen. Das hilft Ihnen, wenn Sie Ihre Beete oder Pflanzgefäße planen.

Wenn Sie Misch- oder Sukzessionskulturen einbauen wollen, kann es ein bisschen komplizierter werden, aber keine Sorge. Tun Sie einfach Ihr Bestes, um möglichst für Rotation zu sorgen.

Gartenplan für das ganze Jahr

Standort	Jan	Feb	März	Apr	Mai	Juni	Juli	Aug	Sep	Okt	Nov	Dez
Hochbeet 1			Erbsen		Süßkartoffeln							
Hochbeet 2			Erbsen		Melonen/Okraschoten							
Hochbeet 3			Rucola/Möhren/Radieschen				Zucchini					Knoblauch
Kübel 1	Knoblauch/Spinat				Paprikaschoten							
Hochbeet 4			Brokkoli		Mais				Kohl			
Kübel 2			Zwiebeln/Salat		Paprikaschoten							
Hochbeet 5			Kartoffeln			Okraschoten						
Hochbeet 6			Kartoffeln			Schwarzaugenerbsen						
Hochbeet 7				Roma-Tomaten				Buchweizen	Brokkoli			
Bogenspalier 1				Gurken								
Hochbeet 8				indeterminante Tomaten								

Kurze Ernte	Ganzjährige Ernte	Temperaturabhängig	Eine Ernte
Roma-Tomaten	indeterminante Tomaten	Erbsen	Süßkartoffeln
Mais	Stangenbohnen	Rucola	Kartoffeln
Buschbohnen	Zucchini	Spinat	Möhren
	Melonen	Kopfsalat	Radieschen
	Okraschoten		Knoblauch
	Paprikaschoten		Kohl
	Gurken		Zwiebeln

Legen Sie für jede Pflanzfläche fest, was Sie dort anbauen wollen und wie lange die Pflanzen in der Erde bleiben (basierend auf der durchschnittlichen Dauer bis zur Reife plus Erntezeit). Dann füllen Sie Leerräume mit sukzessiven Pflanzen, um das ganze Jahr über ernten zu können.
Tipp: Ziehen Sie senkrechte Linien am letzten und am ersten Frostdatum des Jahres, um die Pflanzzeitpunkte zu bestimmen.

Führen Sie ein Gartenjournal!

Mit das Beste, was Sie tun können, um Ihren Garten Jahr für Jahr zu optimieren, ist, ein Gartenjournal zu führen. Es kann so schlicht oder so kunstvoll ausgefeilt sein, wie Sie wollen – Hauptsache, Sie führen eines.

Schreiben Sie auf, welche Pflanzen Sie wann anbauen, wann Sie ernten und welche Probleme aufgetreten sind. Und halten Sie auch alle besonderen Herausforderungen wie Schädlinge oder Wetterextreme (wie früh einsetzende Hitze, späten Frost, überdurchschnittliche Regenfälle oder Abweichungen von der normalen Temperatur) fest. Wenn Sie dann die nächste Saison planen, können Sie mithilfe dieser Informationen die Pflanzzeiten und andere Maßnahmen entsprechend anpassen.

Erstellen Sie unbedingt eine Art Karte von Ihrem Garten. Am besten fertigen Sie einen Übersichtsplan vor dem Anpflanzen an – ich allerdings ändere während des Pflanzens immer noch irgendetwas. Vielleicht glauben Sie, Sie werden sich schon daran erinnern, wo Sie was angebaut haben, aber im Laufe der Zeit werden die einzelnen Jahre in Ihrem Gedächtnis verschwimmen. Wenn Sie die unterschiedlichen Skizzen aufbewahren, hilft Ihnen das bei der Planung der Fruchtfolgen, und Sie können nachvollziehen, welche Kombinationen aus Misch- und Sukzessionskulturen sich bewährt haben und welche nicht.

Führen Sie auch über die Ernte Buch. Hatten Sie mehr Zucchini, als Sie essen konnten? Vielleicht sollten Sie in der nächsten Saison die Anzahl der Pflanzen reduzieren. Hätten Sie sich mehr Tomaten zum Einmachen gewünscht? In der nächsten Saison könnten Sie Platz für mehr Tomatenpflanzen vorsehen.

Egal, ob Sie sich ein spezielles Gartenjournal kaufen, ein schlichtes Spiralheft benutzen oder sich eine entsprechende App herunterladen – wenn Sie Aufzeichnungen über Ihren Garten machen, können Sie ihn im Laufe der Jahre optimieren.

Beispiele für Einträge ins Gartenjournal

Pflanze	Zeitpunkt des Pflanzens im Garten	Erntebeginn	Ernteende	Anmerkungen/ Probleme
Sommerkürbis, Zucchini	8. April	31. Mai	4. Juli	Genug geerntet, um sie frisch zu essen und 6 Beutel Zucchiniraspel einzufrieren. Musste Pflanzen wegen Echtem Mehltau und Lederwanzen entfernen.
Radieschen	27. Februar	8. April	8. Mai	Zusammen mit Möhren gepflanzt; wurden geerntet, ehe Möhren den Platz brauchten; exzellente Mischkultur.
Kopfsalat	6. März	19. April	9. Juni	Mischung aus Parris-Island-Cos-Romana und rotem Romana. Sehr ertragreich und wurde nicht vorzeitig bitter, als im Mai die Hitze einsetzte.
Roma-Tomaten	8. April	1. Juli	25. Juli	Die Braunfäule beeinträchtigte dieses Jahr die Ernte mehr als üblich.
Schälerbsen	1. März	18. Mai	4. Juni	Erstmals Lincoln-Erbsen ausprobiert. Brauchte kein Spalier; sehr ertragreich.
Zwiebeln	18. März	6. Juni	6. Juni	Wegen des kalten regnerischen Frühjahrs spät gepflanzt. Kleinere Exemplare als sonst.

Ihren Plan in die Tat umsetzen

Wissen ist Macht, und jetzt, da Sie wissen, wie Sie entscheiden, was Sie wo anpflanzen, können Sie endlich zu Stift und Papier greifen und mit der konkreten Planung Ihres Gemüsegartens beginnen. Vergessen Sie nicht, bei Ihrer Planung die Informationen aus den Pflanzenprofilen in Teil 2 zu berücksichtigen. Wenn Sie Pflanzen verwenden wollen, die dort nicht beschrieben sind, lesen Sie die Anweisungen auf der Packung oder informieren Sie sich im Internet.

Hier ist eine Schritt-für-Schritt-Anleitung:

1. Listen Sie die Pflanzen auf, die Sie anbauen wollen, unterteilt in zwei Kategorien: »unbedingt anbauen« und »möchte ich anbauen«.
2. Teilen Sie diese Pflanzen in zwei Gruppen ein: Pflanzen für die kalte Jahreszeit und Pflanzen für die warme Jahreszeit.
3. Entscheiden Sie für jede Pflanze, ob Sie sie im Haus vorziehen, Setzlinge kaufen oder direkt ins Freiland aussäen.
4. Notieren Sie darauf beruhend das Einpflanzdatum jeder Pflanze. Dazu müssen Sie zunächst Ihr durchschnittlich letztes Frostdatum herausfinden und sich an die Anweisungen zum Pflanzzeitpunkt richten.
5. Notieren Sie die Erntekategorie jeder Pflanze. Markieren Sie alle Pflanzen mit schneller oder wetterabhängiger Ernte mit einem Stern – sie sind die ersten Kandidaten für eine Sukzessionskultur.
6. Informieren Sie sich bei jeder Pflanze über die empfohlenen Abstände und entscheiden Sie dann, wie viele Pflanzen (oder wie viele Reihen) Sie anbauen wollen.
7. Schreiben Sie alle Mischkultur-Kombinationen auf, die Sie einplanen möchten.
8. Überlegen Sie sich, welche vertikalen Anbaumöglichkeiten Sie ausprobieren möchten.
9. Zeichnen Sie für Hoch- und Flachbeete ein Gestaltungsraster (Millimeterpapier ist hier eine große Hilfe). Jedes Quadrat entspricht 30 cm^2. Wenn Sie Pflanzgefäße verwenden, erstellen Sie für jeden Kübel eine Überblickszeichnung. Ist der Kübel rund, zeichnen Sie ein Quadrat in den Kreis und notieren den Abstand zwischen den Seiten des Vierecks.
10. Tragen Sie in Ihre Pläne die Pflanzen ein, die Sie unbedingt anbauen müssen. Dann füllen Sie alle Lücken mit den Pflanzen, die Sie gerne an-

bauen würden. Bei den Exemplaren mit Stern entscheiden Sie, wie Sie diese Flächen für Sukzessionskulturen nutzen werden.

11. Jetzt, da Ihr Gartendesign Form annimmt, können Sie noch Verbesserungen vornehmen, wenn es nötig ist. Vielleicht möchten Sie noch mehr Pflanzgefäße hinzufügen oder die Anzahl der Pflanzen ändern.

Mit diesem groben Plan in der Hand (keine Sorge, Sie können ihn immer noch ändern!) können Sie nun anfangen, Ihren Garten anzulegen.

Zeichnen Sie anhand der Abstandsrichtlinien in den Pflanzenprofilen für jede Gartenfläche einen Plan.
Tipp: Verwenden Sie dafür einen Bleistift, damit Sie die Platzierung der einzelnen Pflanzen immer wieder korrigieren können. Wenn Sie im Voraus eine Skizze anfertigen, können Sie auch besser die Menge des Saatguts oder der Pflanzen einschätzen, die Sie kaufen müssen.

KAPITEL 3

Den Gemüsegarten anlegen

Möglicherweise sind Sie jetzt etwas eingeschüchtert, was das Anlegen eines Gemüsegartens betrifft, aber Sie müssen keine Scheu haben. Gärtner lieben es zwar, beim Anpflanzen von Hochbeeten und Pflanzkübeln Kreativität walten zu lassen, für Anfänger und Anfängerinnen sind jedoch die einfachsten Pläne immer die besten. In diesem Kapitel gebe ich Ihnen Schritt-für-Schritt-Anleitungen dafür, wie Sie Kübelgärten, Hochbeete oder vertikale Gärten anlegen und die ideale Erdmischung herstellen.

So legen Sie einen Kübelgarten an

Ein Garten aus Pflanzgefäßen kann so einfach oder so komplex sein, wie Sie mögen. Wenn Sie erst einmal wissen, welche Materialien und Werkzeuge Sie brauchen und wie Sie die Gefäße vorbereiten, kann es schon losgehen.

Benötigte Materialien und Werkzeuge

- Pflanzgefäße oder Blumentöpfe
- Bohrmaschine (falls die Töpfe keine Entwässerungslöcher haben)
- Pflanzerde
- Pflanzschaufel

Pflanzkübel gibt es in allen möglichen Formen, Größen und Materialien. Sie können neue Gefäße kaufen, alte Blumentöpfe verwenden, 20-Liter-Eimer umfunktionieren oder in leichte Pflanzsäcke investieren.

Die Größe und Tiefe des Behälters hängt davon ab, welche Pflanzen Sie darin anbauen wollen. Flachwurzler wie Kopfsalat und Blattgemüse können Sie in gerade einmal 15 cm hohen Töpfen ziehen, aber für größere Gemüsesorten wie Tomaten brauchen Sie größere, tiefere Behälter wie beispielsweise einen 20- oder 40-Liter-Topf.

Kübel vorbereiten

Um ein Gefäß zum Bepflanzen vorzubereiten, müssen Sie nur den Topf auswählen und mit Erde füllen. Es gibt jedoch noch ein paar andere Schritte, die beachtet werden müssen, damit Sie das gesündeste Gemüse ernten und ein richtiges Erfolgserlebnis haben.

1. Wählen Sie die Gefäße nach der Gemüsesorte aus, die Sie darin anbauen wollen. Achten Sie auf benötigte Abstände und die Größe der ausgewachsenen Pflanze, um zu bestimmen, ob mehrere Gemüse oder Kräuter in einem Topf angepflanzt werden können.

2. Wenn Sie Blumentöpfe wiederverwenden, waschen Sie sie mit einem 10-prozentigen Bleichmittel aus, um alle Krankheitserreger einer vorher darin befindlichen Pflanze abzutöten.
3. Wenn Sie nicht gerade Pflanzsäcke verwenden, stellen Sie sicher, dass der Behälter mehrere Entwässerungslöcher hat. Falls nicht, bohren Sie ein paar in den Topfboden. Behälter mit eingebauter Auffangschale sollten Sie meiden. Bei starkem Regen füllt sich die Schale schnell, und wenn das Wasser nicht abfließen kann, können Ihre Pflanzen in der durchnässten Erde absterben.
4. Bei Gefäßen, die tiefer sind als 45 cm, können Sie einen kleineren Topf umgedreht auf den Boden stellen. Das spart Geld (weil Sie weniger Erde brauchen) und reduziert das Gewicht.
5. Stellen Sie große Kübel eventuell auf Rolluntersetzer, für den Fall, dass Sie sie umstellen müssen.

Befüllen der Pflanzgefäße

Für den Anbau von Gemüse in Kübeln brauchen Sie Pflanzerde oder einen Blumenerdemix. Gartenerde (aus dem eigenen Garten oder in Säcken gekauft) sollte nicht verwendet werden, weil sie Wasser schlecht abfließen lässt.

Sie können eine fertige Mischung kaufen oder selbst herstellen (siehe Seite 60). Wenn Sie fertige Pflanzerde kaufen, bedenken Sie, dass viele nicht organische

Mischungen künstlichen Dünger enthalten. Wenn Sie sich für organische Pflanzerde entscheiden, können Sie einen körnigen Langzeitdünger untermischen. Beachten Sie dabei die Dosierungsanweisungen auf der Packung.

Wenn Sie den Kübel befüllen, lassen Sie oben nur 2,5–5 cm Platz. Die Erde verdichtet sich noch, sodass Sie im Laufe der Saison mehr Platz zum Gießen und Mulchen haben.

So bauen Sie ein Hochbeet

Für Hochbeete gibt es unzählige Konstruktionspläne. Ich will Ihnen hier aber den einfachsten von allen vorstellen.

Vorbereitung des Untergrunds

Der wichtigste Schritt bei der Vorbereitung ist, dafür zu sorgen, dass der Boden eben ist. Überprüfen Sie auf der Größe des späteren Beetes die Bodenfläche mit einem Nivelliergerät. Wenn eine Neigung zu erkennen ist, müssen Sie Erde abtragen, bis der Boden über die gesamte Fläche eben ist.

Wächst auf der Fläche schädliches Unkraut oder Gras, legen Sie eine organische Barriere, beispielsweise Pappkarton, aus, um es zu ersticken. Alternativ können Sie einfach die oberste Bodenschicht umgraben – Gras und Unkraut werden dann mit der Zeit kompostiert.

Wenn Sie vermuten, dass Nagetiere wie Wühlmäuse oder Maulwürfe in Ihrem Garten leben, brauchen Sie eine dauerhafte Barriere (etwa aus Metallgitter), da sich organische Barrieren mit der Zeit zersetzen.

Material und Werkzeug

Wenn Sie bereit sind, für die Bequemlichkeit entsprechend zu zahlen, ist die Anschaffung eines Hochbeet-Bausatzes eine Möglichkeit. Aber um Geld zu sparen und selbst Hand anzulegen, brauchen Sie Folgendes für ein Standardhochbeet, das 1,20 x 2,40 m groß und 25 cm hoch ist:

Für rankende Pflanzen: Stangen, Gitter, Spaliere und mehr

Gemüsepflanzen, die klettern, ranken oder sich nach oben ausbreiten, brauchen eine vertikale Stütze. Dazu gehören Gemüsesorten wie Tomaten, Stangenbohnen, Gurken, Klettererbsen, kleine Melonen und Winterkürbisse. An einzelnen Stangen können Sie Tomaten festbinden oder Stangenbohnen hochranken lassen. Robuste Gitter aus Baustahl oder Gitterzäune sind stabilere Konstruktionen für große Tomatensorten. Rankpyramiden sehen in Hoch- und Flachbeeten schön aus und sind perfekt für Stangenbohnen, Klettererbsen und Gurken. Bogenspaliere, die Lieblinge der vertikalen Gärten, dienen als Stütze für Gurken, kleine Melonen, Klettererbsen, Winterkürbisse und Stangenbohnen.

Gitterzäune sind eine vielseitige Option. Sie brauchen nur T-Pfosten, damit sie fest stehen und den meisten Kletterpflanzen ausreichend Struktur bieten. Und mit einem Bolzenschneider kann man daraus Drahtkäfige für Tomatenpflanzen machen. Oder man biegt sie zu Bogenspalieren, die mit T-Pfosten verankert oder zwischen zwei Hochbeeten befestigt werden.

Wer es lieber einfacher hat: Zwei Stäbe oder Pfähle, die in den Boden oder in die Nähe von Pflanzgefäßen gesteckt werden und zwischen denen eine feste Schnur gespannt wird, sind eine perfekte Stütze für Erbsen, Bohnen oder Gurken.

Bambus eignet sich für so gut wie jedes vertikale Gartenprojekt. Kinder haben beispielsweise Spaß daran, Bambusstäbe zu einer Art Wigwam zusammenzustecken. Pflanzen Sie dann an jedem Stab Stangenbohnen an und lassen die Kinder im »Tipi« spielen.

Bei der Auswahl der vertikalen Stütze ist zu berücksichtigen, wie sich die Pflanze ausbreitet und hochrankt. Bohnen bevorzugen senkrechte Stangen und wachsen von selbst an ihnen hoch. Erbsen und Gurken freuen sich über waagerechte Stützen, an die sich die Triebe hängen können. Winterkürbisse und Gurken brauchen etwas Hilfe – man muss die wachsenden Stängel möglicherweise um die am nächsten stehende Stütze wickeln. Tomaten müssen angebunden oder gestützt werden, sonst breiten sie sich am Boden aus. Wenn Sie diese Wuchsgewohnheiten kennen, können Sie die beste Wahl für die Umsetzung eines vertikalen Gartenteils treffen.

- 3 Bretter (5 x 25 cm x 2,40 m oder 2 Bretter (5 x 20 cm oder 5 x 30 cm, je nachdem, wie groß das Beet werden soll)
- Maßband
- Bleistift
- Zimmermannswinkel
- Kreissäge oder Handsäge
- Bohrmaschine oder Akkuschrauber
- 12 Deckschrauben (6 cm)
- Rolle mit 6 mm dickem Metallgitter (optional)
- Tacker (optional)
- Wasserwaage

Das haltbarste und kostengünstigste Material ist druckimprägniertes Kiefernholz, das in vielen Baumärkten erhältlich ist. Jedoch gibt es kaum Studien darüber, ob die in diesem Behandlungsprozess eingesetzten Chemikalien in den Boden sickern und von den Pflanzen aufgenommen werden. Sie könnten sich in Ihrem Baumarkt oder einem Sägewerk erkundigen, welche fäulnisresistenten Naturhölzer verfügbar sind.

Das Hochbeet bauen

Wenn Sie das Material und das Werkzeug zusammengetragen haben, nehmen Sie sich für die Konstruktion Ihres Hochbeets ein paar Stunden Zeit. Es ist zwar von einer Person zu schaffen, aber ein Paar zusätzliche Hände sind immer hilfreich.

1. Nehmen Sie ein 2,40 m langes Brett und markieren es mit dem Bleistift 1,20 m vom Ende entfernt. Ziehen Sie an dieser Stelle mit dem Zimmermannswinkel eine senkrechte Linie.
2. Sägen Sie das Brett entlang dieser Linie durch.
3. Legen Sie die vier Bretter in Rechteckform aus: die beiden 2,40 m langen parallel zueinander und die beiden 1,20 m langen ebenfalls parallel zu einander.
4. Legen Sie ein 2,40-m-Brett rechtwinklig zu einem 1,20-m-Brett, sodass die Enden bündig aufeinandertreffen. Die anderen Ecken des Hochbeets positionieren Sie auf die gleiche Weise.

5. Bohren Sie mit der Bohrmaschine dort, wo die Bretter aufeinandertreffen, Löcher vor. Dann schrauben Sie die Bretter mit jeweils 3 Deckschrauben zusammen.
6. Wenn Sie den Boden des Beets mit einem Metallgitter oder -draht auslegen wollen (um im Boden lebende Nagetiere daran zu hindern, von unten an Ihre Pflanzen zu gelangen), breiten Sie das Gitter aus und tackern es fest. Reicht die Breite des Gitters nicht für die gesamte Fläche und Sie müssen zwei Stücke nebeneinanderlegen, lassen Sie sie unbedingt 15 cm überlappen.
7. Tragen Sie das fertige Hochbeet an seinen Platz. Legen Sie die Wasserwaage auf allen vier Seiten auf und sorgen Sie dafür, dass das Beet insgesamt waagerecht steht. Möglicherweise müssen Sie am Boden etwas Erde abtragen, bis er völlig eben ist.

Diesen Plan können Sie nach Wunsch abändern, aber machen Sie das Hochbeet nie breiter als 1,20 m, weil Sie von der Seite aus immer die Mitte des Beets erreichen sollten. Wenn Ihr Beet an einem Zaun oder einer anderen Begrenzung steht, machen Sie es nicht breiter als 1 m. Die Länge des Beets ist ganz Ihnen überlassen.

Viele Gärtner bevorzugen höhere Hochbeete. Soll Ihres höher als 30 cm werden, brauchen Sie pro Seite mehr als nur ein Brett. Dann müssen die Ecken mit

Pflöcken (10 x 10 cm) verankert werden, wobei jedes Seitenbrett in den Pflock, statt in das senkrecht dazu stehende Seitenbrett geschraubt wird.

Befüllung und Einteilung des Hochbeets

Für ein Hochbeet brauchen Sie eine etwas »schwerere« Erdmischung als für einen Kübelgarten. Ein höherer Anteil an Mutterboden und Kompost sorgt für bessere Durchfeuchtung und mehr Nährstoffe. Auf die Erdmischung gehe ich später noch genauer ein.

Wenn Sie Ihr Gemüse anpflanzen (siehe Kapitel 4), denken Sie an die Ausrichtung Ihres Hochbeets, insbesondere hinsichtlich größerer und höherer Pflanzen.

Pflanzen, die nach oben wachsen oder generell höher sind als andere, sollten im nördlichen, östlichen oder nordöstlichen Teil des Hochbeets gepflanzt werden. Und niedrigere Pflanzen sollten gen Süden, Westen oder Südwesten ausgerichtet sein. So verhindern Sie, dass hohe Pflanzen wie Tomaten oder Stangenbohnen kleineren Pflanzen wie Paprikaschoten oder Süßkartoffeln die dringend benötigte Südwestsonne nehmen. Eine Ausnahme gilt, wenn Sie Pflanzen für die kalte Jahreszeit wie Blattgemüse bis in den Sommer hinein anbauen wollen. Diese Pflanzen profitieren vom nachmittäglichen Schatten und wachsen damit länger, ehe sie ins Kraut schießen. (Für Gärtner auf der südlichen Erdhalbkugel gelten entgegengesetzte Himmelsrichtungen.)

Gartenabdeckungen

Die meisten Gärten profitieren davon, wenn sie zumindest zu gewissen Zeiten abgedeckt werden, um sie vor den Naturelementen zu schützen.

Dank loser Reihenabdeckungen, etwa aus Folie, können Sie die Anbausaison früher beginnen und später beenden. Luft- und wasserdurchlässige Abdeckungen aus leichtem Polyestergewebe schützen die Pflanzen vor Frost und verlängern das Wachstum um einige Wochen. Für Flach- und Hochbeete können Sie aus PVC-Rohren Bögen bauen und die Abdeckung in Kuppelform darauflegen. Befestigen Sie das Gewebe mit Klammern an den Rohren, damit es nicht wegwehen kann. In kleinen Anpflanzungen und Kübeln können Sie Plastiktöpfe oder -tassen umgedreht über empfindliche Pflänzchen stülpen. (Beschweren Sie die Töpfe mit einem Stein, damit der Wind sie nicht umweht.)

In manchen Regionen sind heftige Winde ein Problem. Sie können Ihren Garten aber bis zu einem gewissen Maß vor Windschäden schützen, wenn Sie ihn auf der Süd- oder Südwestseite eines Gebäudes anlegen. Gut verankerte Reihenabdeckungen können ebenfalls niedrig wachsende und junge Pflanzen vor dem Wind schützen.

Für viele Gärtner und Gärtnerinnen sind aber die größte Herausforderung nicht Wind oder Kälte, sondern Hitze. Wenn die Temperaturen auf fast 40 °C steigen und Pflanzen der vollen Sonne ausgesetzt sind, kann es für sie Stress pur sein. Dann kann Nachmittagsschatten hitzeliebenden Pflanzen wie Tomaten und Paprikaschoten helfen. Wenn Sie sie in Pflanzgefäßen anbauen, stellen Sie sie in der heißesten Tageszeit in den Schatten. Wenn Sie Hoch- oder Flachbeete haben, decken Sie sie mit Schattiernetzen, statt mit Folien ab. (Letztere schließen die Hitze ein, Netze ermöglichen die Luftzirkulation.)

Bei allen Bedingungen, die einen zusätzlichen Schutz erfordern, sollten Sie immer die individuellen Bedürfnisse der Pflanzen berücksichtigen, wenn Sie entscheiden, wie Sie Ihren Garten abdecken.

So stellen Sie Ihre eigene Erdmischung her

Der größte Vorteil von Kübelgärten oder Hochbeeten besteht darin, dass Sie die Kontrolle über die Pflanzerde haben.

Die Erde für beide Gartentypen besteht aus ziemlich denselben Inhaltsstoffen, allerdings mit leichten Abweichungen. Deshalb variieren meine Rezepturen. Bei Pflanzgefäßen ist die Entwässerung wichtig, weil durchnässte Erde Pflanzen faulen und absterben lässt. Deshalb sollten Sie Kübel nie mit Gartenerde befüllen. Hochbeete hingegen profitieren von der feuchtigkeitsspeichernden Eigenschaft der Gartenerde.

Viele Erdmischungen, die man im Internet findet, enthalten zahlreiche Inhaltsstoffe, und obwohl Vielfalt gut ist, ist es meines Erachtens doch wichtiger, dass die Herstellung von Erde praktisch, preiswert und machbar ist.

Hier ist eine Liste gängiger Bodenkomponenten, die es in den meisten Gartencentern und im Internet zu kaufen gibt:

- **Kokosfasern:** eine Alternative zu Torf mit der gleichen Funktion, aber neutralem pH-Wert
- **Kompost:** Endprodukt von verrottendem organischem Material, macht den Boden fruchtbar; entweder selbst gemacht oder als Fertigprodukt gekauft
- **Torf:** organisches Material aus Torfmooren, das Feuchtigkeit und Nährstoffe speichert und zur Struktur und Bodengare beiträgt, aber einen niedrigen pH-Wert hat
- **Perlit:** vulkanisches Glas, das sich bei Hitze ausdehnt und die Belüftung verbessert
- **Vermiculit:** eine Kombination aus Mineralien, die sich bei Hitze ausdehnen; verbessert die Belüftung und gleichzeitig die Wasserbindung

Erdmischung für Pflanzgefäße

3 Teile Torf oder Kokosfasern
3 Teile reifer Kompost
2 Teile Perlit
1 Teil Vermiculit

Das ist das Grundrezept. Ich empfehle zusätzlich 1 Teil Wurmkompost oder bis zu ¼ Teil Biolangzeitdünger. Wenn Sie Torf verwenden, geben Sie pro kg Torf knapp 4 g Dolomitkalk hinzu (nicht aber, wenn Sie Kartoffeln anbauen wollen).

Erdmischung für Hochbeete

1 Teil Mutterboden (gekauft oder aus dem eigenen Garten)
1 Teil reifer Kompost (selbst gemacht, lose Schüttung oder RAL-zertifizierter Kompost in Säcken)
1 Teil anderes organisches Material

Für 1 Teil anderes organisches Material haben sich bei mir Torf, Vermiculit, kompostierter Hühnerdung und Wurmkompost bewährt. Andere Optionen sind Grünsand, Biokohle, Kokosfasern (als Torfersatz) und Perlit.

Sie sehen schon: Sie haben hier eine gewisse Flexibilität. Entscheidend ist die Verwendung von Material, das Wasser speichern, aber auch von Material, das für Entwässerung sorgt, sowie von nährstoffreichen organischen Rohstoffen. Falls Ihnen all das zu viel ist, kaufen Sie fertige Mischungen, aber ich rate zu organischen Mixturen, damit Ihr Garten auf lange Sicht gesund bleibt.

Kompost und Mulch

Damit Sie Ihr Garten Jahr für Jahr erfreut, sollten Sie in Kompost und Mulch investieren.

Aus Gemüseabfällen, geschreddertem Papier, Grasschnitt, Laub, Eierschalen, Unkraut und anderem organischen Material können Sie Ihren eigenen Kompost herstellen.

Ein Komposthaufen kann einfach oder aufwendig sein. Manche häufen das Kompostmaterial im Garten auf und wenden es einmal die Woche oder so. Andere kaufen oder bauen eine Kompostieranlage. Aber wenn Sie nicht gerade eine Menge Kompost herstellen wollen oder Ihr Garten winzig klein ist, kann es sein, dass Sie nicht so viel Kompost haben, wie Sie benötigen. Dann können Sie in Säcken abgepackten Kompost kaufen oder ihn von Landschaftsgärtnereien in Ihrer Region beziehen. Einige Gemeinden bieten auch kostenlosen Kompost an, wenn Sie ihn selbst aufladen und abtransportieren. Wofür Sie sich auch entscheiden, Kompost fördert kurz- wie langfristig die Gesundheit und Vitalität Ihres Gartens.

Auch ohne Mulch sollte kein Garten auskommen müssen. Eine Schicht Mulch auf Hoch- und Flachbeeten sowie in Kübeln erfüllt mehrere Funktionen. Erstens verhindert eine 5 cm hohe Mulchschicht die Aussprossung der meisten Unkräuter – das bedeutet weniger Unkrautjäten für Sie und weniger Konkurrenz um Nährstoffe und Wasser für Ihre Pflanzen. Zweitens reguliert Mulch die Feuchtigkeit. Wenn es zu viel regnet, wirkt Mulch wie ein Schwamm und absorbiert überschüssiges Wasser, das er wieder abgibt, sobald es wieder trockener wird. In Trockenzeiten verhindert Mulch die Verdunstung und bindet Wasser für längere Zeit im Boden. Organischer Mulch, wie beispielsweise geschreddertes Laub, Holzspäne und Stroh, wird im Boden abgebaut und reichert ihn an.

Am besten sammeln Sie Mulchmaterial im eigenen Garten. Wenn Sie einen Laubbaum haben, sammeln Sie im Herbst das Laub, lagern es in Säcken, schreddern es mit einem Rasenmäher oder im Häcksler und verteilen es im Frühling auf dem Gartenboden. Falls Sie nicht genügend Laub zusammenbekommen, können Sie auch Holzspäne nehmen. Viele Baumpfleger liefern frische Holzspäne zu Ihnen nach Hause, wenn sie sich in der Nähe befinden; erkundigen Sie sich einfach telefonisch. In Gartencentern gibt es auch in Säcken abgepackten Mulch. Vermeiden Sie jedoch farbigen Mulch für den Gemüsegarten, da einige billige Sorten Farben enthalten, die schädlich für die Pflanzen sein könnten. Eine weitere Option ist Stroh, das Sie in der Regel im Gartencenter oder bei einer Agrargenossenschaft bekommen. Welche Option Sie auch wählen: Bringen Sie Mulch nur auf der Oberfläche aus; arbeiten Sie ihn nicht in den Boden ein.

Häufige Fragen und Antworten

Kann ich für mein Hochbeet Holzbretter von einem alten Zaun oder Ähnliches verwenden?

Druckimprägniertes Holz aus der Zeit vor 2003 enthält Chrom-Kupfer-Arsenat (CCA), das für Gemüsegärten als nicht sicher gilt. Seit 2003 wird für die Imprägnierung quaternäres alkalisches Kupfer (ACQ) verwendet, das die US-amerikanische Umweltschutzbehörde als sicher einstuft. Es ist Ihre Entscheidung, ob Sie druckimprägniertes Holz verwenden, aber nehmen Sie besser keines, das vor 2003 produziert wurde.

Welche Pflanzgefäße eignen sich für Gemüse am besten?

Terrakottatöpfe scheinen die perfekte Wahl zu sein, sie trocknen aber wegen ihrer porösen Beschaffenheit schneller aus. Plastiktöpfe und -eimer halten die Flüssigkeit besser und sind leichter. Bei richtiger Drainage können sie eine exzellente Wahl sein. Auch Holz- und Metallgefäße eignen sich. Metall hält länger, heizt sich aber auf. Das kann für hitzeliebende Pflanzen gut sein, ist aber für Pflanzen, die kühlere Bedingungen brauchen, von Nachteil. Holz scheint wegen seines Gewichts vielleicht unpraktisch, aber es ist luftdurchlässig und hält auch mehrere Jahre. Pflanzsäcke sind tragbar, leicht zu verstauen und erschwinglich. Sie ermöglichen den Wasserabfluss und den Luftaustausch, was für die Wurzeln wichtig ist, und halten gleichzeitig wie Plastiktöpfe die Feuchtigkeit.

Kann ich Heu als Mulch verwenden?

Bioheu ist ein ausgezeichneter Mulch, weil es gut abdeckt und beim Zersetzen den Boden mit Nährstoffen anreichert. Aber leider ist es schwer zu bekommen. Normalerweise enthält Heu nämlich das Herbizid Aminopyralid, das im Garten dazu führen kann, dass sich die Pflanzen abnormal kringeln und verkümmern. Schlimmer noch: Die Chemikalie verbleibt jahrelang im Boden.

Kann ich mit Kies am Kübelboden die Drainage verbessern?
Im Gegensatz zur allgemeinen Annahme verbessern Steine am Boden des Topfes nicht den Wasserabfluss. Wenn (aufgrund der Steine) weniger Erde im Topf ist, wird der Boden sogar noch nasser. Für ein gesundes Maß an Drainage sorgen Löcher im Topfboden und die Entwässerung fördernde Zusätze wie Perlit in der Erde.

Wie oft soll ich die Erde in Hochbeeten auffrischen?
Einmal, besser noch zweimal im Jahr – einmal im Frühling und einmal im Herbst – sollten Sie 2,5–5 cm Kompost auf die Hochbeete geben. Die Lebewesen in der Erde beginnen sofort, den Kompost zu zersetzen und den Boden von oben bis in den Wurzelbereich anzureichern.

Kann ich Pflanzerde jedes Jahr wiederverwenden?
Solange Ihre Pflanzen in der vorherigen Saison keine Krankheiten hatten, können Sie einen Teil der Erde wiederverwenden. Aber füllen Sie das Gefäß jedes Mal, wenn Sie etwas einpflanzen, etwa zur Hälfte mit neuer Erdmischung. Kippen Sie die Erde aus den Kübeln in eine Schubkarre und mischen Zusätze darunter, beispielsweise Wurmkompost, Kompost, Perlit und Langzeitdünger, um für mehr Nährstoffe und bessere Drainage zu sorgen. Feuchten Sie die Mischung an, rühren sie gründlich um und füllen sie wieder in die Kübel.

KAPITEL 4

Den Gemüsegarten bepflanzen

Um Ihren Jungpflanzen den bestmöglichen Start ins Leben zu ermöglichen, müssen Sie die Grundlagen des Bepflanzens kennen. In diesem Kapitel spreche ich über die allgemeinen Prinzipien der Anzucht im Haus, des Umpflanzens in den Garten und der direkten Aussaat. Manche Pflanzen gedeihen nur bei einer dieser Methoden, zu den Unterschieden erfahren Sie in den Beschreibungen in Teil 2 mehr.

Anzucht in Innenräumen

Viele Gartenanfänger und -anfängerinnen kaufen Setzlinge und direkt auszubringendes Saatgut, einige wollen aber lieber im Haus Samen vorziehen. Mit etwas Grundwissen und den im Folgenden erklärten Schritten können Sie Ihren Pflanzen einen gesunden Start ins Leben ermöglichen.

Die meisten Samen werden 4–6 Wochen vor dem Auspflanzen im Haus vorgezogen, einige (etwa Paprika) brauchen jedoch mehr Zeit und wieder andere (etwa Speisekürbis und andere Kürbisgewächse) brauchen weniger Zeit. In Teil 2 finden Sie die individuellen Termine für die Anzucht einzelner Pflanzen.

Setzen Sie zwei Samen pro Fach ein. Falls beide keimen, schneiden Sie den schwächeren Sämling auf Bodenhöhe ab, wenn sich der zweite Satz Blätter zeigt. (Die ersten Blättchen, die erscheinen, sind Keimblätter, keine echten Blätter. Sie sterben ab, nachdem sich mehrere »echte« Blätter gebildet haben.)

Ein gesunder Setzling ist kompakt und stämmig. Wenn Sie feststellen, dass einer in die Höhe wächst und sich zum Licht hindreht, sind die Lichtverhältnisse nicht optimal. Wenn Sie eine Pflanzenlampe verwenden, bringen Sie die Setzlinge näher an die Lichtquelle. Wenn ein Setzling plötzlich welkt und abstirbt, litt er wohl unter dem sogenannten »Umknicken« oder der »Sämlingswelke«, einer Pilzkrankheit, die bereits im Boden steckt. Um diesem Problem vorzubeugen, sollten Sie abgepackte Aussaaterde und neue oder sterilisierte Behälter verwenden.

Sobald die Setzlinge mehr als doppelt so hoch wie das Pflanzgefäß sind, sollten sie entweder in einen größeren Topf oder nach Möglichkeit in den Garten umgesetzt werden. Pflanzen leiden, wenn sie zu lange in zu kleinen Gefäßen bleiben, und wenn sie trotzdem bis zum Umpflanzen überleben, haben sie es schwer, sich anzupassen.

So gelingt die Anzucht in Innenräumen:

1. Sie brauchen Samentütchen, die Anzuchtausrüstung (siehe Seite 24), eine große Schüssel, einen Servierlöffel, eine Gießkanne oder einen großen Becher, eine Sprühflasche und Klarsichtfolie.

2. Geben Sie die Saatgutstarterde in die große Schüssel, etwa eine Tasse lassen Sie aber in der Packung. Gießen Sie so viel Wasser an, bis die Erde gut durchfeuchtet ist, und danach vermischen Sie alles gründlich.
3. Füllen Sie die Anzuchtschale oder einen anderen Behälter mithilfe des Löffels bis auf einen halben Zentimeter mit der Anzuchterde. Stellen Sie die Schale in eine zweite Schale (in Anzuchtsets enthalten; ansonsten nehmen Sie ein Backblech mit hohem Rand).
4. Setzen Sie in jedes Fach zwei Samen. Leicht andrücken, aber nur die größten Samen (etwa Erbsen oder Kürbis) vergraben.
5. Beschriften Sie die Fächer oder Fächergruppen mit Typ und Sorte des Saatguts.
6. Streuen Sie die restliche Startererde über das Saatgut, um es knapp zu bedecken.
7. Sprühen Sie mit der Sprühflasche so viel Wasser darüber, bis alles gut durchfeuchtet ist.
8. Falls Ihre Anzuchtschale einen Deckel hat, legen Sie ihn auf. Falls nicht, bedecken Sie sie mit Klarsichtfolie und stechen mit einem Zahnstocher mehrere Löcher hinein.

9. Schauen Sie alle paar Tage nach den Samen. Wenn die Erde trocken zu werden beginnt, besprühen Sie sie mit Wasser. Mit einem Deckel oder Klarsichtfolie darauf ist das möglicherweise mehrere Tage nicht nötig, wenn überhaupt.
10. Wenn sich die ersten Sämlinge zeigen, entfernen Sie Deckel oder Folie und stellen die Schale wenige Zentimeter unter eine Pflanzenlampe. Lassen Sie die Lampe 16 Stunden am Tag angeschaltet, und befeuchten Sie die Setzlinge täglich.

Recycelte Materialien für die Saatanzucht

Sie können zwar Anzuchtschalen und fertige Anzuchtsets kaufen, Sie könnten aber auch vorhandenes Material wiederverwerten. Hier sind ein paar gute Möglichkeiten:

Blumentöpfe. Wenn Sie letztes Jahr Blumen oder Gemüse angepflanzt und die Töpfe aufgehoben haben, können Sie sie für die Anzucht wiederverwenden. Aber sterilisieren Sie sie zuvor mit einem 10-prozentigen Bleichmittel.

Zeitungstöpfe. Wickeln Sie Streifen aus Zeitungspapier rund um Suppendosen und kleben diese zusammen. Dann entfernen Sie die Dosen, und fertig sind die Anzuchttöpfe, die Sie später direkt in den Boden setzen können.

Joghurtbecher. Stechen Sie Löcher in den Boden von Plastikbechern, und Sie haben hervorragende Anzuchttöpfe.

Klopapierrollen. Schneiden Sie die Papprollen in der Mitte durch und falten sie unten etwas nach innen, um einen stabilen Boden zu schaffen. Papprollen können Sie direkt in den Garten pflanzen, weil sie sich in der Erde schnell auflösen. Aber falten Sie den Boden wieder auf, ehe Sie sie in die Erde setzen.

Eierschalen oder Eierkartons sehen zwar hübsch aus, sind aber keine gute Wahl, weil das Wurzelsystem der meisten Pflanzen mehr Platz braucht, als Eierschalen oder -kartons bieten.

11. Sobald sich der zweite Satz von Blättern zeigt (die ersten »echten« Blätter), beginnen Sie, die Schale von unten zu wässern. Befüllen Sie die untere Schale bzw. das Backblech 5 ml hoch mit Wasser. (Wenn Sie die Setzlinge von oben gießen, kann das die Stängel beschädigen.)
12. Wenn die Setzlinge wachsen, müssen Sie die Lampe höher hängen, sodass sie immer 10–15 cm über den Pflanzen hängt. Halten Sie die Erde immer feucht, aber nicht nass. Wenn Sie unten Wasser angießen und dieses nicht innerhalb von 1 Stunde aufgesogen ist, entfernen Sie das restliche Wasser mit einer Bratenspritze oder schütten es vorsichtig aus.

Setzlinge umpflanzen

Wenn Sie gekaufte Setzlinge oder aus Samen gezogene Jungpflanzen umpflanzen, müssen Sie besondere Sorgfalt walten lassen.

Der erste wichtige Schritt besteht darin sicherzustellen, dass die Setzlinge wirklich dazu bereit sind, ins Freie gebracht zu werden, also genug »abgehärtet« sind. Die meisten gekauften Setzlinge haben bereits im Freien unter der Sonne gelebt und können in den Garten gepflanzt werden, aber für Sämlinge aus der Anzucht im Haus ist ein zusätzlicher Schritt erforderlich.

So wie eine Mutter ihr Baby nach und nach an feste Nahrung gewöhnt, müssen Sie Ihre Setzlinge allmählich ans Leben im Freien gewöhnen. Stellen Sie 1 oder 2 Wochen vor dem Umsetzen die Setzlinge jeden Tag für eine gewisse Zeit nach draußen, zunächst für 1 Stunde, dann immer länger bis zu einem ganzen Tag und eine Nacht. Anfangs stellen Sie sie an einen schattigen, windgeschützten Ort. Nach und nach arbeiten Sie sich dann an einen Standort mit voller Sonne (zunächst Morgen-, dann Nachmittagssonne) und mit mehr Wind voran. *Dieser Schritt ist überaus wichtig!* Schon ein paar Stunden in der Nachmittagssonne oder an einem windigen Platz können junge Triebe verkümmern lassen oder sogar abtöten.

Sind die Setzlinge dann bereit fürs Umsetzen, suchen Sie die nötigen Utensilien zusammen: eine volle Gießkanne, Pflanzschaufel, Stuhl oder Kniepad, Handschuhe und Setzlinge.

1. Stellen Sie die Setzlinge auf ein Beet oder einen mit Erde gefüllten Kübel, um eine Vorstellung von den Abständen zu bekommen. Falls nötig, messen Sie nach.
2. Graben Sie mit der Schaufel ein Loch in der Tiefe des Anzuchtgefäßes. (Für Tomaten ist ein tieferes Loch nötig; siehe Tomatenprofil auf Seite 144.)
3. Füllen Sie das Loch zur Hälfte mit Wasser. Falls das Wasser schnell einsickert, füllen Sie das Loch erneut.
4. Setzen Sie den Setzling in das Loch und füllen dieses wieder mit Erde. Die Erde rund um die Pflanze fest andrücken, aber darauf achten, dass Sie den Stängel nicht verletzen oder die Erde zu sehr verdichten.
5. Von oben weiteres Wasser angießen, bis die Erde um die Pflanze herum durchtränkt ist.

Wann ist der richtige Zeitpunkt zum Umpflanzen? Als Erstes müssen Ihre Setzlinge bereit dafür sein. Idealerweise haben sich mindestens drei Sätze echter Blätter gebildet. Als Nächstes informieren Sie sich über das durchschnittliche Datum des letzten Frostes und stellen sicher, dass Sie die Pflanzen zum jeweils richtigen Zeitpunkt in Relation zu diesem Datum umsetzen. Drittens sollten Sie, selbst wenn es laut Kalender die richtige Zeit zum Pflanzen ist, auf die aktuellen Wetterbedingungen und die langfristige Wettervorhersage achten. Wenn Sie Zweifel haben, warten Sie besser noch ab.

So lesen Sie Saatgutetiketten richtig

Ob Sie nun Ihr Saatgut im Haus vorziehen oder direkt aussäen – Sie sollten sich mit den Angaben auf den Packungen vertraut machen. Leichte Abweichungen sind zwar an der Tagesordnung, aber folgende Informationen stehen auf den allermeisten Etiketten:

Art/Sorte: Art und individuelle Sorte der Gemüse- oder Kräuterpflanze.

Beschreibung: Wuchsform der Pflanze oder welche Früchte sie liefert.

Dauer der Keimung: durchschnittlicher Zeitraum, den die Pflanze vom Aussetzen im Garten bis zur vollen Reife braucht. Das kann je nach Bedingungen vor Ort variieren. Diese Zeitspanne zu kennen, hilft Ihnen, Sukzessionsanpflanzungen zu planen und einzubeziehen, wenn eine Pflanze vor dem ersten Frost im Herbst geerntet werden muss.

Menge: wie viele Samen – nach Stück oder Gewicht – in einem Tütchen enthalten sind. Das hilft Ihnen abzuschätzen, wie viele Samentütchen Sie kaufen müssen.

Anleitung fürs Einpflanzen: Anweisungen darüber, wie tief und in welchen Abständen die Samen einzupflanzen sind, sowie über den optimalen Zeitpunkt in Relation zu Frost oder Bodentemperatur. Einige enthalten auch Angaben zu eventuell nötigen Spalieren und zur Ernte.

Abpackdatum: Zeitpunkt des Verpackens. Die meisten Samen halten sich unter den richtigen Bedingungen ein paar Jahre oder noch länger, doch je frischer die Saat ist, desto besser wird die Keimrate sein. Standortansprüche: Hier finden Sie Angaben darüber, wie der Boden beschaffen sein sollte und zusätzlich Düngerempfehlungen.

Pflanzhinweis

Kultur: Direktaussaat im Frühjahr, sobald der Boden bearbeitet werden kann. Bei 3–4 echten Blättern ausdünnen.
Sukzessionspflanzungen alle 2 Wochen. Mulchen.
Für Herbst- und Winterernte Direktaussaat 1 Monat vor dem ersten Frost.
Hitze tötet die Setzlinge ab, warten Sie also auf kühlere Temperaturen.
Frost sorgt für süßeren Geschmack.
Hält Temperaturen bis minus 17 °C aus.
Falls nötig, mit Reihenabdeckungen schützen und mulchen.
Überwinterter Spinat wächst im Frühjahr erneut.
Ernte: Blätter in Bodennähe abschneiden oder ganze Pflanzen ernten, wenn Hitze droht.

Direktaussaat

Viele Gemüsesorten wachsen am besten, wenn ihre Samen direkt ins Freiland oder in Kübel gesetzt werden. Bohnen, Erbsen, Gurken, Kürbis, Okraschoten, Mais und Melonen keimen in warmem Boden schnell und gedeihen optimal, wenn ihre Wurzeln nicht durch Umpflanzen verletzt werden. Andere Pflanzen wie Kopfsalat oder Blattgemüse dürfen zwar umgesetzt werden, können aber genauso gut direkt ausgesät werden. Wieder andere wie Möhren und Rüben ziehen es vor, immer an einem Ort zu verbleiben, wo sie schnell und tief wurzeln können.

Die meisten Samen zur Direktaussaat werden in Reihen gepflanzt. Und so geht das im Garten oder Pflanzgefäß:

1. Lockern Sie vor dem Aussäen den Boden ein paar Zentimeter tief mit der Harke (Gartenbeete) oder der Wurzelkralle (Kübel), und arbeiten Sie dabei organisches Material wie beispielsweise Kompost ein, falls Sie das nicht bereits erledigt haben.
2. Zeichnen Sie mit der Kante einer Hacke (für größere Samen), den Zinken eines Rechens (für kleinere Samen) oder Ihren Fingern (in Pflanzgefäßen) Reihen vor, die doppelt so tief wie das Saatgut sind.
3. Setzen Sie die Samen im empfohlenen Abstand in die Reihen.
4. Füllen Sie Reihen sorgfältig wieder mit Erde, bis die Samen vollständig damit bedeckt sind, und drücken sie diese behutsam an.
5. Begießen Sie alles mit einem feinen Wassernebel, bis der Boden gut durchnässt ist.

Manche Samen sind auch zufrieden, wenn sie weniger präzise ausgesät werden. Streuen Sie die kleinen Samen von Möhren oder Kopfsalat einfach auf den

Boden und arbeiten Sie sie kurz mit den Fingern oder dem Rechen ein, ohne sie zu tief einzugraben. So können sie mithilfe des Sonnenlichts keimen und ziehen das auch häufig vor. Halten Sie die Erde bis zur Keimung gut feucht.

Bei anderen Samen hilft ein wenig Überredungskunst, damit sie schneller keimen. Weichen Sie hart ummantelte Samen, etwa von Bohnen, mehrere Stunden in Wasser ein, um die Schale weicher zu machen. Dieser Schritt ist zwar nicht unbedingt nötig, kann aber die Keimung beschleunigen.

Die höchste Keimungsrate erzielen Sie, wenn die Samen zum idealen Zeitpunkt gesetzt werden. Die Bodentemperatur ist hier der wichtigste Faktor. Auf vielen Samentütchen steht die ideale Bodentemperatur, aber auch in Teil 2 dieses Buches und im Internet können Sie sich darüber informieren. Wenn Samen von Pflanzen für die warme Jahreszeit in zu nassen Boden gesät werden, können sie leicht faulen. Vorausgesetzt, die Bodentemperatur ist ideal, warten Sie einfach, bis der Boden einigermaßen feucht ist, und säen Sie vor einem Regen aus.

Häufige Fragen und Antworten

Wie weiß ich, wann es an der Zeit ist, mit der Anzucht im Haus zu beginnen?

In Teil 2 finden Sie Empfehlungen zur Aussaat in Relation zum letzten Frost. Einige Pflanzen keimen und wachsen schneller als andere, und auch der beste Zeitpunkt zum Umpflanzen variiert. Tomatensamen etwa werden im Haus 6–8 Wochen vor dem durchschnittlich letzten Frostdatum gesät. Paprikaschotensamen müssen in der Regel 10–12 Wochen in Innenräumen bleiben, aber weil sie am besten gedeihen, wenn Sie 2–4 Wochen später als Tomaten umgepflanzt werden, können Tomaten und Paprika gleichzeitig gesät werden. Das mag alles kompliziert klingen, aber mit etwas Erfahrung wird es immer leichter.

Wie lange dauert es, bis die Samen keimen?

Die Keimungsrate variiert je nach Pflanze und Klimabedingungen. Die meisten unter kontrollierten Bedingungen in Innenräumen vorgezogenen Samen keimen innerhalb von 7–10 Tagen. Paprikasamen können etwas länger brauchen, doch wenn man sie an einen warmen Platz stellt (auf einen Trockner, Kühlschrank oder auf eine spezielle Wärmematte für Setzlinge), kann man den Prozess beschleunigen. Im Freien ist die Bodentemperatur der wichtigste Faktor für den Zeitpunkt der Keimung. Bohnen- oder Kürbissamen, die in 20 °C warmem Frühlingsboden gepflanzt werden, brauchen 1 Woche bis zur Keimung, während die gleichen Samen im Sommerboden bei 30 °C schon in 2–3 Tagen keimen können.

Was kann ich tun, damit meine im Haus gesäten Setzlinge gesund bleiben?

Überwässern Sie sie nicht, denn die Wurzeln brauchen auch Sauerstoff. Stellen Sie einen Ventilator auf niedriger Stufe ein, um die Stängel zu stärken. Am wichtigsten ist aber die Platzierung nur wenige Zentimeter unter einer Pflanzenlampe. Wenn Ihre Setzlinge hoch und dünn wachsen (sie also »langbeinig« geworden sind), weil sie Licht suchen, sind sie gestresst. Sie brauchen dann mehr Licht. Das ist meiner Erfahrung nach der häufigste Fehler beim Vorziehen, und unglücklicherweise ist es kaum mehr möglich, das wiedergutzumachen, wenn eine Pflanze einmal so gestresst ist. Beugen Sie dem vor, indem Sie den Setzlingen viel Licht geben.

Bleiben meine Setzlinge in den Anzuchtgefäßen, bis ich sie nach draußen pflanze?

Im Allgemeinen gilt: Wenn die Pflanze doppelt so hoch ist wie das Gefäß, braucht sie mehr Platz. Ist das der Fall, und es ist noch nicht an der Zeit, sie ins Freie umzupflanzen, können Sie sie in größere Gefäße umtopfen. Wenn Sie flache Anzuchtschalen verwendet haben, setzen Sie sie beispielsweise in einen Plastikbecher mit Drainagelöchern um. Dann nehmen Sie statt der Startererdmischung besser Pflanzerde, weil die Pflanzen in diesem Stadium den zusätzlichen Dünger gut brauchen können.

Wenn ich einen Kübelgarten anlegen möchte: Kann ich die Setzlinge aus der Anzucht im Haus später in denselben Gefäßen ins Freie stellen?

Theoretisch ja, aber aufgrund der Größe und des Gewichts der meisten Pflanzgefäße (und des begrenzten Raums unter den Pflanzenlampen) ist das eher unpraktisch. Kleine Töpfe mit Kräutern oder Salat sind aber eine gute Option, wenn Sie sich das Umpflanzen sparen wollen.

Sollte ich beim Umsetzen irgendetwas zusätzlich ins Pflanzloch geben?

Jahrelang wurde empfohlen, extra Dünger und Kompost ins Pflanzloch zu geben. Besser ist es aber, dafür zu sorgen, dass das ganze Pflanzmedium voller organischer Substanzen ist. Dadurch wachsen Wurzeln tiefer und breiter, was für kräftigere, widerstandsfähigere Pflanzen sorgt.

Mein gesamtes Saatgut keimt! Ich habe mehr angepflanzt, als ich brauche – was mache ich jetzt?
Sie müssen überzählige Setzlinge entfernen. Das hassen wir alle, aber wenn Sie das nicht tun, konkurrieren die Setzlinge um Wasser und Nährstoffe, und sie werden alle nicht wirklich gut gedeihen. Schneiden Sie die schwächeren Pflänzchen mit einer Schere auf Bodenniveau ab, um nicht das empfindliche Wurzelsystem der anderen Setzlinge zu verletzen. Das ist für Aussaaten im Innen- wie im Außenbereich erforderlich.

KAPITEL 5

Pflege und Ernte des Gemüsegartens

Für Gartenneulinge erfordern Planung und Bepflanzung des Gemüsegartens einige Überlegungen und viel Aufmerksamkeit. Wenn man dann diese Hürden gemeistert hat, ist es nicht ungewöhnlich, dass man sich den Garten ansieht und denkt: »Und jetzt?« Dieses Kapitel handelt von den wichtigen Aufgaben, die es im Laufe der Saison zu erledigen gilt – von der Bewässerung bis zur Ernte Ihres Gemüses.

Den Garten bewässern

Ob Sie nun in einer Gegend wohnen, die zu großer Trockenheit neigt, oder in einer Klimazone mit überdurchschnittlich hohen Niederschlagsmengen – Sie müssen auf jeden Fall Ihren Garten bewässern. Am besten planen Sie die Bewässerungsmethode in der Anpflanzzeit oder kurz danach.

In einem kleinen Hochbeet oder Kübelgarten kann eine Gießkanne oder ein Gartenschlauch ausreichen. Dies erfordert jedoch viel Aufmerksamkeit und Arbeit, die Sie vielleicht nicht die ganze Gartensaison über leisten wollen. Außerdem begünstigt das Bewässern von oben Pilzerkrankungen, die unter nassen und feuchten Bedingungen gedeihen.

Viele Gärtner entscheiden sich für Bewässerungssysteme wie Sickerschläuche oder Tropfbewässerung. Bei diesen Methoden gelangt das Wasser direkt in den Boden, und durch Verdunstung geht weniger Wasser verloren.

Sickerschläuche eignen sich sehr gut für Hochbeete, weil sie über die gesamte Länge des Schlauchs Wasser aussickern lassen und das Beet gleichmäßig sättigen. Als besonders gut erweisen sie sich in Beeten mit dicht stehenden Pflanzen wie Möhren, Roter Bete, Salat, Blattgemüse und Zwiebeln.

Tropfbewässerungssysteme eignen sich für alle Arten von Gärten. Die Schlauchleitungen geben etwa alle 45 cm Wasser ab. Sie sind leicht zu installieren, und Sie können Ihr Tropfsystem erweitern und anpassen, wenn Sie Ihren Garten vergrößern. Für Kübelanpflanzungen sind Systeme mit einzelnen »Spot«-Düsen ideal, die eine Wasserquelle pro Kübel haben.

Sowohl für Sickerschläuche als auch für Tropfsysteme empfehle ich Ihnen, in eine preiswerte Zeitschaltuhr zu investieren, die Sie an den Wasserhahn anschließen. Damit können Sie einstellen, wann und für wie lange Ihr Garten bewässert wird. Da beide Systeme das Wasser langsam freisetzen, lassen Sie sie am besten jeweils ein paar Stunden angeschaltet. Meinen Garten lasse ich in der Hochsaison alle 3–4 Tage von 5–7 Uhr automatisch bewässern. Meine Zeitschaltuhr hat eine »Regenverzögerungsfunktion«, die es mir erlaubt, die geplante Bewässerung zu verschieben, wenn es regnet.

So prüfen Sie die Bodenqualität

In Flach- und Hochbeeten, die Sie mit Kompost oder Humus anreichern, rate ich Ihnen einmal im Jahr zu einem Qualitätstest. Wenn Sie Ihre Hochbeete oder Kübelpflanzen mit einer fertig gekauften Erdmischung füllen (oder der auf Seite 60 beschriebenen Mischung), sollten Sie auch hin und wieder die Bodenqualität prüfen, insbesondere, wenn sich Ihre Pflanzen nicht wie erwartet entwickeln.

Eine Bodenanalyse ermittelt die Zusammensetzung des Bodens (Sand, Schluff, Lehm oder Ton), den pH-Wert und den Gehalt an wichtigen Nährstoffen. Sets zur Prüfung der Bodenqualität gibt es in Gartencentern oder im Internet. Sie können aber auch eine Probe an ein unabhängiges Labor schicken.

Um eine repräsentative Bodenprobe zu erhalten, graben Sie im Zickzackmuster sechs kleine Löcher in die Erde und entfernen alles Gras oder Unkraut darauf. Entnehmen Sie aus jedem Loch einen vertikalen Abschnitt in der Länge einer Pflanzschaufel und geben ihn in einen sauberen Plastikeimer. Vermischen Sie die Erde aus allen sechs Löchern und entnehmen Sie die für die Analyse nötige Menge (normalerweise etwa zwei Tassen). Bei einer professionellen Bodenanalyse befolgen Sie die Verpackungs- und Einsendevorschriften des Labors.

Meiner Erfahrung nach liefern die Testsets für den Eigengebrauch einen guten Überblick über den pH-Wert und den Nährstoffgehalt, bei einer professionellen Analyse bekommen Sie aber detailliertere Angaben. Ein professioneller Bodentest umfasst zudem Empfehlungen zur Anreicherung des Bodens, falls er einen Nährstoffmangel aufweist oder aus dem pH-Gleichgewicht geraten ist. Bedenken Sie aber, dass einige Empfehlungen nicht organisch sind – suchen Sie also nach organischen Alternativen oder bitten Sie das Labor um organische Optionen.

Feuchtigkeitsmesser haben manchmal ein eingebautes pH-Messgerät. Meiner Erfahrung nach sind diese Geräte nur hilfreich, um einen groben Bereich anzugeben –, etwa ob Ihr Boden stark sauer oder alkalisch ist. Für genauere pH-Werte sollten Sie sich für eine professionelle Bodenanalyse entscheiden.

Im Allgemeinen gedeihen die meisten Gemüse- und Kräutersorten in Flach- oder Hochbeeten am besten mit rund 25 ml pro m^2 Wasser pro Woche. Mit einem Regenmesser können Sie feststellen, wann zusätzliche Bewässerung nötig ist.

Kübelpflanzen brauchen mehr Wasser, weil die Erde darin besser be- und entwässert werden muss. Da Pflanzen auf Über- wie auf Unterwässerung mit schlaffen, welken Blättern reagieren, sind ein Regenmesser und ein Flüssigkeitsmesser hilfreich, um in der Wachstumsphase Bewässerungsprobleme zu beurteilen.

Die Pflege des Gartens

Auch wenn wohl kein Garten den hohen Erwartungen eines blauäugigen Gartenanfängers entsprechen wird (was immer Sie auch tun, Sie werden mit Unkraut und Schädlingen zu kämpfen haben), können folgende Tipps dazu beitragen, Ihren Garten so gesund wie möglich zu halten.

Gehen Sie jeden Tag in Ihren Garten. Wenn Sie Ihren Garten täglich kontrollieren, auch wenn Sie nicht darin arbeiten, behalten Sie den Überblick über das Wachstum der Pflanzen und potenzielle Probleme. In ungepflegten Gärten kann es schnell zu Krankheiten und Schädlingsbefall kommen, aber durch frühzeitiges Eingreifen können Sie den Schaden begrenzen.

Entfernen Sie Schädlinge eigenhändig. Informieren Sie sich über die häufigsten Schädlinge – Blattläuse, Lederwanzen, Schwärmer, Bohnenkäfer, Gurkenkäfer, Kohlraupen etc. – und entfernen Sie alle, die Ihnen unter die Augen kommen, mit der Hand. Ehe Sie auf Spritzmittel (ob biologisch oder nicht) zurückgreifen, versuchen Sie unbedingt, sie per Hand loszuwerden. Ziehen Sie sich dafür Gartenhandschuhe an, und werfen Sie die Schädlinge in einen Eimer mit Wasser und 1 Tropfen Spülmittel (um die Oberflächenspannung des Wassers zu verringern).

Töten Sie kein Insekt, das Sie nicht kennen. Die meisten Insekten in Ihrem Garten sind nützlich oder harmlos. Wenn Sie Zweifel haben, lassen Sie

sie am Leben, denn viele nützliche Insekten fressen die schädlichen. Recherchieren Sie im Internet oder treten Sie einer Facebook-Gruppe zum Thema Gärtnern bei, in der erfahrene Gärtner bei der Identifizierung von Insekten helfen können. Zu den nützlichen Insekten gehören zum Beispiel Marienkäfer, Netzflügler, Flor- und Schwebfliegen, Laufkäfer, Raubwanzen und Spinnen.

Pflanzen Sie Blumen an. Um nützliche Insekten anzulocken, pflanzen Sie Blumen und lassen Sie ins Kraut geschossene Pflanzen blühen. Großartig sind beispielsweise Schmuckkörbchen, Ringelblumen, Kapuzinerkresse, Sonnenblumen, Schafgarbe, Zinnien und Ackersteinkraut. Ins Kraut geschossene Salat-, Rucola-, Möhren- und Zwiebelpflanzen bilden Blüten aus, die nützliche Insekten in Scharen anlocken, ebenso Kräuter wie Oregano, Petersilie, Koriander und Thymian. Haben Sie einen passenden Lebensraum, halten diese nützlichen Insekten viele Schädlinge in Schach. Ich muss beispielsweise nur selten gegen Blattläuse spritzen, weil Marienkäfer sowie Flor- und Schwebfliegen sich für mich um sie kümmern.

Bringen Sie Mulch aus. Schieben Sie das Mulchen nicht hinaus. Sobald die Pflanzen etwa 15 cm hoch sind, sollten Sie eine 5 cm hohe Mulchschicht ausbringen, um den Unkrautwuchs zu kontrollieren und den Boden feucht zu halten.

Jäten Sie regelmäßig Unkraut. Auch wenn Sie mulchen, brechen trotzdem einige Unkrautsprossen durch. Setzen Sie das Unkrautjäten mindestens einmal wöchentlich auf Ihren Kalender. Hat das Unkraut erst einmal überhandgenommen, ist es viel schwieriger, es wieder unter Kontrolle zu bringen.

Bewässern Sie Ihren Garten morgens. Ob mit der Gießkanne oder mit einem Bewässerungssystem: Wenn Sie den Garten in den Morgenstunden wässern, bekommen die Pflanzen die benötigte Feuchtigkeit zur richtigen Zeit. Zudem mindert das die Verdunstung und verhindert Pilzerkrankungen, die sich für gewöhnlich bei abendlichem Gießen ausbreiten.

Düngen Sie nach Bedarf. Viele neu angelegte Gärten brauchen anfangs keine zusätzliche Düngung, aber wenn die Pflanzen die Nährstoffe aus dem Boden aufgenommen haben, kann Düngen hilfreich sein. Fischemulsion ist eine effektive biologische und niedrig dosierte Stickstoffquelle, die Pflanzen in den frühen Entwicklungsstadien dabei unterstützt, die für die Fotosynthese nötigen Blätter zu bilden. Zu viel Stickstoff kann bei fruchttragenden Pflanzen zu übermäßiger Blattbildung und geringer Ernte führen. Wenn Ihre Pflanzen schnell wachsen, lassen Sie den Stickstoffdünger weg. Wenn sie aber verkümmert aussehen, kann Stickstoff in niedriger Dosierung hilfreich sein. In meinen Hochbeeten gebe ich meinen fruchttragenden Pflanzen alle 2 Wochen etwas Fischemulsion, bis sie zu blühen anfangen.

Schneiden Sie kranke Blätter ab. Die häufigsten Erkrankungen von Pflanzen sind Pilzkrankheiten. Diese töten die Pflanzen nicht sofort, können aber zum Tod führen, wenn nichts dagegen getan wird. Gelbe Blätter im unteren Bereich von Tomatenpflanzen weisen meist auf die Dürrfleckenkrankheit hin, und ein weißer, pulveriger Belag auf Kürbis- und Gurkenblättern indiziert den Echten Mehltau. Schneiden Sie betroffene Blätter umgehend an den Stängeln ab und entsorgen Sie sie im Hausmüll (nicht im Kompost). Sie können bis zu einem Viertel aller Blätter an einer Pflanze entfernen. Wenn Sie der Erkrankung frühzeitig entgegenwirken, können Sie ihre Ausbreitung eindämmen.

Befestigen Sie vertikal wachsende Pflanzen an ihren Spalieren. Pflanzen wie Bohnen und Erbsen klettern für gewöhnlich von selbst hoch, aber andere wie etwa Gurken und rankende Tomaten brauchen ein bisschen Hilfe. Gurkentriebe wickeln Sie alle paar Tage im Zickzack um die Spalierstreben. Tomatenranken heben Sie hoch und platzieren sie auf einer Sprosse eines Tomatenkäfigs oder binden sie an eine Spalierstrebe. Wichtig ist, dass die Ranken immer genügend Abstand zueinander haben, damit die Luft zirkulieren kann.

Diese kleinen Pflegemaßnahmen halten den Garten so gesund wie nur möglich. Bedenken Sie aber, dass es bei biologischen Anbau- und Pflegemethoden eine gewisse Zeit braucht, damit sich gesunde Insektenpopulationen und ein gesunder Boden entwickeln können. Erwarten Sie in der ersten Saison keinen perfekten Garten, sondern schauen Sie, wo Sie etwas verbessern können.

Häufige Probleme und Schädlinge und was man dagegen tun kann

In jedem biologischen Garten kommt es im Laufe der Vegetationsperiode zu unterschiedlichen Problemen und zu Schädlingsbefall, und wenn Sie mit dem Gärtnern beginnen, können Sie noch nicht wissen, welche Hindernisse auftreten werden. Hier stelle ich Ihnen die häufigsten vor.

Dürrfleckenkrankheit oder Septoria-Blattfleckenkrankheit bei Tomaten. Diese Pilzkrankheiten lassen die Blätter von Tomatenpflanzen von unten her vergilben. Bei der Dürrfleckenkrankheit kommt es zu Flecken, die mitunter einer Zielscheibe ähneln, mit hellen Kreisen am Rand und einem braunen Zentrum. Die Septoria-Blattfleckenkrankheit führt zu vielen braunen Flecken auf den Blättern und kommt meist später in der Saison vor. Schneiden Sie alle befallenen Stängel ab, wenn die Blätter nicht nass sind. In regenreichen Zeiten müssen Sie das möglicherweise täglich erledigen, um die Krankheit in Schach zu halten.

Echter Mehltau. Der Echte Mehltau kommt am häufigsten auf Kürbis-, Zucchini- und Gurkenpflanzen vor. Diese Pilzerkrankung führt zu einem weißen, pudrigen Belag an den Blattoberseiten. Wird nichts dagegen unternommen, breitet sie sich über die ganze Pflanze aus und hemmt die Fotosynthese und die spätere Fruchtbildung. Wenn Sie Echten Mehltau früh genug erkennen, reicht es aus, die befallenen Blätter abzuschneiden – bis zu 25 Prozent der Blätter können Sie dabei entfernen. Hilft das nichts, verrühren Sie 1 Teelöffel Backsoda in 1 Liter Wasser und sprühen diese Mischung einmal die Woche auf alle Blätter – befallene wie nicht befallene.

Blütenendfäule. Diese schwarzen Fäulnisflecken treten an den Stellen auf, wo die Blüte von der Frucht abfällt. Am häufigsten befällt die Krankheit Tomaten, sie kommt aber auch auf Kürbissen, Melonen und Paprikaschoten vor. Die Ursache ist zwar die Unfähigkeit der Pflanze, Kalzium aus dem Boden aufzunehmen, aber das Mineral einfach hinzuzufügen, ist für gewöhnlich nicht das Mittel der Wahl. Die meisten Böden enthalten genügend Kalzium (eine Bodenanalyse wird das bestätigen); das Problem liegt meist vielmehr in ungleichmäßiger Bewässerung oder einem aus dem Gleichgewicht geratenen pH-Wert. Sorgen Sie vor allem in der Blüte- und Fruchtperiode für regelmäßige Bewässerung. Falls das nichts hilft, lassen Sie den Boden testen, um festzustellen, ob ein Kalziummangel oder ein pH-Problem vorliegt.

Fehlende Bestäubung. Wenn eine Frucht nicht wachsen will, liegt es häufig an fehlender Bestäubung. Kürbisse, Zucchini, Gurken und Melonen sind hier am häufigsten betroffen. Ohne Bestäuber wie Bienen können fremdbestäubte Pflanzen keine Früchte ausbilden. Eventuell müssen Sie sie per Hand bestäuben: Suchen Sie nach einer männlichen Blüte (Blüte ohne Fruchtansätze an der Basis) und übertragen Sie mit einem Wattestäbchen den Pollen ihrer Staubgefäße auf eine weibliche Blüte (mit Fruchtansatz an der Basis). Diese Blüten öffnen sich nur einmal am Tag, in der Regel morgens. Sie müssen also früh am Morgen hinausgehen, und zwar täglich.

Blattläuse. Blattläuse, winzige, birnenförmige Insekten in unterschiedlichsten Farben, siedeln sich gern auf jungen Pflanzen wie Tomaten und Paprika an, hauptsächlich zu Beginn der Vegetationsperiode. Vermeiden Sie es, mit Spritzmitteln gegen sie vorzugehen, weil viele Insektizidseifen auch die Larven von Marienkäfern sowie von Flor- und Schwebfliegen abtöten, die sich von Blattläusen ernähren. Wurmkompost enthält das Enzym Chitinase, das Blattläuse nicht verstoffwechseln können. Wenn die Blattläuse chitinasehaltige Pflanzensäfte aufsaugen, sterben sie.

Würmer und Raupen. Kohlraupen, Schwärmer, Heerwürmer und andere Würmer und Raupen können quasi über Nacht alle Blätter Ihrer Gemüsepflanzen auffressen. Wenn das Abpflücken per Hand nicht ausreicht, um sie in Schach zu halten, besprühen Sie befallene Pflanzen mit dem biologischen Pestizid *Bacillus thuringiensis*. Aber achten Sie darauf, dass es nicht auf die Blüten gelangt. Sie könnten anfällige Pflanzen (Brokkoli, Kohl, Grünkohl und Kopfsalat) mit Reihenabdeckungen vor den Faltern schützen, aus deren Eiern die Raupen schlüpfen.

Käfer. Käfer wie etwa Lederwanze, Stinkwanze, Japankäfer, Mexikanischer Bohnenkäfer und Gurkenkäfer gehören zu den am schwersten zu bekämpfenden Schädlingen. Es gibt kaum biologische Methoden, weil Mittel gegen diese Käfer auch nützliche wie Lauf- und Marienkäfer töten. Am besten hält man sie unter Kontrolle, indem man ausgewachsene Exemplare und ihre Gelege per Hand entfernt. Zur Vorbeugung fürs nächste Jahr könnten Sie auch befallene Pflanzen entfernen und an der Stelle etwas anderes anbauen.

Wenn in einem biologisch angebauten Garten Probleme auftreten, gilt die Devise: Weniger ist mehr. Das frühzeitige Entfernen von kranken Pflanzen und Schädlingen ist der beste Schutz. Stellen Sie sich darauf ein, dass es immer zu ein paar Verlusten kommen kann, und denken Sie daran: Je gesünder der Boden ist, desto gesünder sind auch die Pflanzen, die dann im Laufe der Saison mehr Schädlingen und Krankheiten standhalten können.

Gemüse ernten und lagern

Sie haben hart an der Planung, Bepflanzung und Pflege Ihres Gartens gearbeitet, und nun steht die Erntezeit vor der Tür. Was ist zu tun?

Zunächst müssen Sie wissen, wann ein Gemüse oder ein Kraut erntereif ist. Einige Pflanzen haben für die beste Ernte nur ein kurzes Zeitfenster – manchmal nur einen einzigen Tag! Mais, Okraschoten und Kürbisse fallen in diese Kategorie. Die Details finden Sie in den Pflanzenprofilen in Teil 2. Auch die Tageszeit ist bei der Ernte zu berücksichtigen. Kräuter werden für gewöhnlich am besten morgens geerntet, nachdem der Tau abgetrocknet ist. Gemüse kann zu jeder Tageszeit geerntet werden, aber ich empfehle Ihnen, nicht zu ernten, wenn die Blätter nass sind – einfach deshalb, weil Sie sonst mit den Wassertröpfchen Krankheiten verbreiten könnten.

Manches Gemüse kann man einfach per Hand pflücken, beispielsweise Erbsen, grüne Bohnen, einige Tomatensorten und Blattgemüse. Nehmen Sie den Stiel in eine Hand und das Gemüse oder die Frucht in die andere und reißen Sie sie ab. Bei Gemüse wie Paprikaschoten, Gurken, Wassermelonen, Sommerkürbissen und Okraschoten hingegen müssen Sie mit der Gartenschere oder der Mikrotip-Schere den Stiel knapp über der Frucht abknipsen. Dadurch verletzen Sie die Pflanze nicht. Gemüse mit längeren Stielen wie Zucchini, Brokkoli und Kohl werden am besten mit dem Messer abgeschnitten. Um Wurzelgemüse wie Möhren, Rüben, Knoblauch, Kartoffeln, Süßkartoffeln und Zwiebeln zu ernten, nehmen Sie am besten eine Pflanzschaufel. Stechen Sie sie ein paar Zentimeter neben der Pflanze in gerader Linie nach unten und lockern die Erde. Passen Sie aber auf, dass Sie die Früchte im Boden nicht verletzen (falls es doch passiert, sollten Sie sie innerhalb weniger Tage verzehren).

Und wenn Sie mehr ernten, als Sie essen können? Zu den beliebtesten Konservierungsmethoden gehören Einmachen, Einfrieren und Trocknen. Zwar erfordern diese Methoden etwas Erfahrung, aber im Grunde sind sie leicht umzusetzen.

Was ist am Ende der Saison zu tun?

Gegen Ende der Vegetationsperiode sieht Ihr Garten möglicherweise etwas mitgenommen aus – und Sie fühlen sich vielleicht genauso! Aber bevor Sie und Ihr Garten in die wohlverdiente Winterpause gehen, machen Sie Ihren Garten bereit für die nächste Saison.

Entfernen Sie alle kranken und von Schädlingen befallene Pflanzen. Dadurch mindern Sie das Risiko eines erneuten Befalls in der nächsten Saison.

Gesunde Pflanzen können Sie ruhig in Hoch- oder Flachbeeten lassen. Vielleicht sieht es nicht gerade schön aus, aber wenn Sie ein paar Pflanzen stehen lassen, kann das den Ertrag im nächsten Jahr ankurbeln. Das Wurzelwerk zersetzt sich und nährt den Boden. Nützliche Insekten können in Pflanzenresten überwintern, und große Pflanzen mit tiefen Pfahlwurzeln, etwa Okraschoten, kann man im Herbst nur schwer bewegen, aber im Frühjahr lassen sie sich mit einer Hand herausziehen.

Decken Sie Hoch- und Flachbeete ab. Lassen Sie die Erde in Ihren Beeten über den Winter nicht nackt liegen. Die nährstoffreichste Bodenschicht sind die oberen Zentimeter, und unbedeckte Erde erodiert bei heftigen Winterregen und Schnee. Geben Sie eine Kompostschicht darauf, um Nährstoffe aufzustocken, oder lassen Sie zumindest den Mulch darauf liegen, der den Boden schützt und sich über den Winter zersetzt.

Pflanzgefäße sollten Sie ausleeren, sterilisieren und geschützt aufbewahren. Wenn Sie die Töpfe im Winter den Elementen aussetzen, können sie Risse bekommen und kaputtgehen. Die Erde von gesunden Pflanzen bewahren Sie am besten in einem großen Behälter mit Deckel auf. Sie können sie im nächsten Jahr, vermischt mit frischer Erde, wiederverwenden. Waschen Sie die leeren Kübel mit einem 10-prozentigen Bleichmittel aus, um potenzielle Krankheitserreger abzutöten, und bewahren Sie sie an einem geschützten Ort auf.

Häufige Fragen und Antworten

Wie weiß ich, wie viel Wasser meine Pflanzen beim Wässern bekommen?

Um sicherzugehen, dass ihre Pflanzen genügend Wasser erhalten, vertrauen viele Gärtner und Gärtnerinnen einfach ihren Augen, während andere das lieber genau messen wollen. Am einfachsten geht das, indem Sie ein etwa 2,5 cm hohes Behältnis (etwa eine Thunfischdose) unter einen Tropfstrahler oder Sickerschlauch stellen. Wenn der Behälter voll ist, hat Ihr Garten 25 ml pro m^2 Wasser bekommen.

Platziere ich Sickerschläuche und Bewässerungsleitungen über oder unter dem Mulch?

Es geht beides. Wenn sie unter dem Mulch liegen, gelangt das Wasser direkt zu den Pflanzen, es besteht aber das Risiko, dass man die Schläuche versehentlich aufschlitzt, wenn man den Boden mit einer Hacke bearbeitet. Über dem Mulch verlegte Schläuche und Leitungen können leicht verschoben werden, wenn Sie sehen, dass bestimmte Pflanzen mehr oder weniger Wasser benötigen.

Welche Optionen für biologische Bodenzusätze gibt es?

Wenn der pH-Wert zu niedrig ist (unter 6), geben Sie Dolomitkalk hinzu; ist er zu hoch (über 7), hilft Schwefel. Für mehr Stickstoff sorgen Blutmehl, Pilzkompost und kompostierter Hühner- oder Kaninchendung. Blutmehl und Phosphorit liefern Phosphor, und Grünsand liefert Kalium.

Was ist der Unterschied zwischen verzögert freigesetztem Langzeitdünger und wasserlöslichem Dünger?

Langzeitdünger, der in trockener Form erhältlich ist, gibt seine Nährstoffe über längere Zeit an den Boden ab. Er eignet sich hervorragend, um die *Erde* zum Zeitpunkt des Pflanzens anzureichern und sie langfristig fruchtbar zu machen.

Wasserlöslicher Dünger wie Fischemulsion sorgt für einen Nährstoffschub und wird in der Regel den *Pflanzen* selbst verabreicht.

Wie oft kann ich mit einer Ernte rechnen?

Einige Pflanzen müssen in ihrer Hauptsaison täglich geerntet werden (Okraschoten, Kürbis), andere ein paarmal die Woche. Bedenken Sie aber, dass das Abernten den Pflanzen signalisiert, weiter zu produzieren. Obwohl es Ausnahmen gibt (Wurzelgemüse etwa muss nur einmal geerntet werden), ist es am besten, frühzeitig und häufig zu ernten, um den höchsten Gesamtertrag zu erzielen.

Wie lange kann ich im Laufe der Saison mit einer Ernte rechnen?

Pflanzen mit einer kurzen Erntephase wie Buschbohnen, Erbsen und determinante Tomatensorten (siehe Tomaten in Teil 2) liefern ungefähr 3 Wochen lang Früchte. Pflanzen mit wetterabhängiger Ernte wie Kopfsalat, Blattgemüse und Koriander produzieren so lange, bis steigende Temperaturen die Pflanze ins Kraut schießen lassen. Unter milden Bedingungen können diese Pflanzen aber die ganze Saison hindurch geerntet werden. Pflanzen mit ganzjähriger Ernte, beispielsweise Stangenbohnen, indeterminante Tomatensorten und Gurken, tragen Früchte, bis der Frost oder eine Krankheit sie abtötet. Gemüse mit nur einer Ernte (etwa Knoblauch) können Sie entweder auf einmal oder innerhalb einer kurzen Zeitspanne ernten, je nachdem, wie gleichmäßig sie reifen. Kräuter können normalerweise zu jeder Zeit geerntet werden, die beste Qualität haben sie aber von Frühlingsanfang bis Sommer, vor ihrer Blüte. Dies alles sind allgemeine Aussagen, und auch das jeweilige Klima hat Einfluss darauf, wann und wie lange eine bestimmte Pflanze Ertrag bringt. In Teil 2 ist bei jedem Pflanzenprofil auch die Erntekategorie angegeben.

Teil 2

Gemüse und Kräuter das ganze Jahr genießen

Nun werfen wir einen genaueren Blick auf einzelne Gemüsesorten und Kräuter. Die folgende Liste ist nicht vollständig, aber die mehr als 30 vorgestellten Pflanzen eignen sich gut für Gartenneulinge.

Dieser Teil des Buches ist dafür gedacht, tatsächlich *benutzt* zu werden. Markieren Sie ruhig Stellen mit einem Leuchtstift und mit Eselsohren. Nehmen Sie das Buch mit in den Garten, um sich an die Anweisungen für die Pflanzabstände zu halten.

Da die »Anbauzonen« für *mehrjährige* Pflanzen gelten, sind nur bei diesen die entsprechenden Zonen angegeben. Um es für Sie einfacher zu machen, habe ich die Pflanzen nach ihrem bevorzugten Klima eingeteilt. Pflanzen für die kalte Jahreszeit wachsen im Allgemeinen gern im Frühling und Herbst, sind frostbeständig, vertragen aber Temperaturen unter dem Gefrierpunkt unterschiedlich gut. Pflanzen für die warme Jahreszeit überstehen keinen Frost und dürfen erst nach dem letzten Frost in den Garten gepflanzt werden. Zu den »Lauchgewächsen und Kräutern« gehören Zwiebeln, Knoblauch sowie ein- und mehrjährige Kräuter. Diese Pflanzen wachsen etwas anders als die anderen und sind deshalb in einer Gruppe zusammengefasst. Und obwohl einige der vorgestellten Pflanzenprodukte eigentlich Früchte sind (wie etwa Tomaten), sind sie hier aufgenommen, weil sie häufig in heimischen Gärten angebaut werden.

Mit diesem Teil des Buches bewaffnet, werden Sie vielleicht in ein paar Monaten Lebensmittel in Ihrem eigenen Garten »einkaufen«!

KAPITEL 6

Herbst- und Wintergemüse

Brokkoli
Erbsen
Grünkohl
Möhren
Kartoffeln
Kopfsalat
Mangold
Radieschen
Rosenkohl
Rote Bete
Rucola
Spinat
Weißkohl

Brokkoli

FÜR KÜBEL UND HOCHBEETE GEEIGNET

Familie: Brassicaceae (Kreuzblütengewächse)

Anbauzonen: keine Angabe

Vegetationszeit: kühles Wetter: Frühling und Herbst

Abstand: 45 cm

Anzucht im Haus oder Direktsaat: Anzucht im Haus oder Setzlinge

Innenaussaat: 6 Wochen vor dem Umpflanzen (9 Wochen vor dem durchschnittlich letzten Frost)

Früheste Anpflanzung im Freien: 3 Wochen vor dem durchschnittlich letzten Frost

Bodentemperatur: keine Angabe

Herbstpflanzung: Innenanzucht 12 Wochen vor dem durchschnittlich ersten Frost; Umpflanzen 6 Wochen vor dem durchschnittlich ersten Frost

Sonnenbedarf: 6+ Stunden täglich

Wasserbedarf: mittel

Erntekategorie: bei großen Köpfen eine Ernte, aber manche Sorten produzieren Seitentriebe, nachdem der Kopf geerntet wurde

Für Anfänger empfohlene Sorten: Calabrese, Calinaro, Summer Purple, Waltham

Tipp: Brokkoli ist extrem hitzeempfindlich, und der dichte Kopf löst sich rasch in Blüten auf, wenn die Temperaturen im Frühling steigen. Das ist irreversibel und signalisiert das Ende des Wachstums. Um Brokkoli mit großen Köpfen anzubauen, sollten Sie zeitig im Frühjahr anfangen (das Timing ist bei Brokkoli entscheidend). Nach Meinung vieler Gärtner und Gärtnerinnen gedeiht Brokkoli im Herbst am besten, und reife Pflanzen sind erstaunlich kältetolerant.

Steckbrief

Brokkoli ist nicht die einfachste Pflanze, wenn es darum geht, ihn zur vollen Reife zu bringen, vor allem nicht in wärmeren Klimazonen. Aber wenn man es schafft, geht nichts über die frisch geernteten Röschen.

Anbau

Wegen seiner langen Wachstumsphase empfiehlt es sich, Brokkoli im Haus vorzuziehen oder Setzlinge zu pflanzen. Beim richtigen Timing ist die Innenanzucht einfach, weil die Samen schnell keimen, gut wachsen und sich leicht umpflanzen lassen. Achten Sie besonders auf den Pflanzzeitpunkt. Beim Umpflanzen lassen Sie zwischen den einzelnen Pflanzen 30–45 cm Abstand, weil die Köpfe recht groß werden.

Pflege

Ein durchlässiger, sehr fruchtbarer Boden ist ausschlaggebend für eine gesunde Pflanze mit einem großen, erntereifen Kopf. Sorgen Sie dafür, dass die Pflanzen in der Wachstumsphase immer gut gewässert sind.

Ernte und Lagerung

Schneiden Sie die Köpfe mit einem scharfen Messer ab, ehe sich die dichten Brokkoliröschen zu trennen beginnen. Je nach Klima und Jahreszeit wird der Kopf größer oder kleiner. Wenn sich im Zentrum der Pflanze der Kopf zu bilden beginnt, behalten Sie ihn im Auge, und ernten Sie ihn, bevor sich die Röschen auflösen. Bewahren Sie Brokkoli im Kühlschrank auf.

Häufige Probleme

Alle Arten von Kohlraupen lieben Brokkoli. Schützen sie die Pflanzen unmittelbar nach dem Umpflanzen mit dicht abgeschlossenen Reihenabdeckungen, damit keine Kohlraupen Eier auf Ihrem Brokkoli ablegen. Bei einem Kohlraupenbefall können Sie die Tiere per Hand entfernen oder bei den ersten Anzeichen von Schäden die Pflanzen mit dem biologischen Insektizid *Bacillus thuringiensis* behandeln. Dabei die Ober- und Unterseiten der Blätter benetzen und den Vorgang nach jedem heftigen Regen wiederholen.

Grüne Erbsen

SEHR EINFACH UND SCHNELL, FÜR KÜBEL UND HOCHBEETE GEEIGNET, VERTIKALER WUCHS

Familie:
Fabaceae (Hülsenfrüchtler)

Anbauzonen: keine Angabe

Vegetationszeit:
kühle Jahreszeit:
Frühling und Herbst

Abstand: 7,5 cm

Anzucht im Haus oder Direktsaat: Direktaussaat

Innenaussaat: keine Angabe

Früheste Anpflanzung im Freien: sobald der Boden bearbeitet werden kann; 6 Wochen vor dem durchschnittlich letzten Frost

Bodentemperatur:
4–24 °C (optimal: 24 °C)

Herbstpflanzung:
4–6 Wochen vor dem durchschnittlich ersten Frost, nur Zuckererbsen

Sonnenbedarf: 6+ Stunden täglich

Wasserbedarf: mittel

Erntekategorie: kurze Ernte

Für Anfänger empfohlene Sorten:
Little Marvel, Lincoln, Kleine Rheinländerin, Zuckererbse

Tipp: Wenn Sie Schälerbsen anbauen wollen, brauchen Sie viel Platz, damit es sich wirklich lohnt. Eine 7,5 m lange Reihe ergibt nur etwa 1 Liter Schälerbsen. Zuckererbsen brauchen nur ein Zehntel der Fläche, die Schälerbsen benötigen.

Steckbrief

Gartenerbsen werden in Zuckererbsen, Markerbsen und Schälerbsen eingeteilt. Sie bevorzugen kühle Temperaturen und sollten zu den ersten Gemüsepflanzen gehören, die Sie im Frühling anpflanzen. Viele Sorten brauchen ein 1–1,5 m hohes Spalier, an dem sich die zarten Triebe hochranken können.

Anbau

Sie können zwar Erbsensamen im Haus vorziehen, sie keimen aber auch recht schnell, wenn Sie sie direkt im Garten aussäen. Pflanzen Sie die Samen 2,5 cm tief in durchlässigen Boden; kühle, durchnässte Erde kann zu Wurzelfäule und langsamerem Wuchs führen. Setzen Sie die Samen im Abstand von 2,5–5 cm und dünnen Sie sie später auf einen Abstand von 5–10 cm aus.

Pflege

Da Erbsen im zeitigen, kühlen Frühjahr gepflanzt werden, fällt in der Regel genug Regen. Stellen Sie schon beim Anpflanzen senkrechte Stangen zum Hochranken auf, um die Pflanzen nicht in der Wachstumsphase zu stören. Erbsen mögen auch waagerechte Stützen, etwa zwischen zwei Stangen gespannte Schnüre in unmittelbarer Nähe der Pflanzen.

Ernte und Lagerung

Zuckererbsen sollten Sie ernten, bevor sich die Schoten mit Samen füllen, alle anderen kurz nach dem Anschwellen der Schoten. Erbsen sind am besten, wenn sie geerntet werden, kurz bevor die Schoten ihren Glanz verlieren. Verzehren Sie sie sofort oder geben Sie sie sofort nach der Ernte in den Kühlschrank, weil sich bei Wärme die natürlichen Zucker rasch in Stärke verwandeln.

Häufige Probleme

Erbsen hören zu blühen auf, wenn sich die Lufttemperatur der 30 °C-Marke nähert. Sie sollten sie also früh genug anpflanzen, um sie vor der Sommerhitze ernten zu können. Echter Mehltau kann ebenfalls zum Problem werden, weil Erbsen an warmen Tagen und in kühlen Nächten wachsen, was diese Krankheit begünstigt. Besprühen Sie die Pflanzen bei den ersten Anzeichen einer Infektion mit einer Backsodamischung (siehe Seite 87).

Grünkohl

SEHR EINFACH UND SCHNELL, FÜR KÜBEL UND HOCHBEETE GEEIGNET

Familie: Brassicaceae (Kreuzblütengewächse)

Anbauzone: keine Angabe

Vegetationszeit: kühles Wetter: Frühling, Herbst, Winter

Abstand: 30–45 cm

Anzucht im Haus oder Direktsaat: beides

Innenaussaat: 6 Wochen vor dem Umtopfen ins Freie (10 Wochen vor dem durchschnittlich letzten Frost)

Früheste Anpflanzung im Freien: 4–6 Wochen vor dem durchschnittlich letzten Frost

Bodentemperatur: 7–29 °C

Herbstpflanzung: Anzucht im Haus 12 Wochen vor dem durchschnittlich ersten Frost und Umpflanzen 6 Wochen vor dem durchschnittlich ersten Frost; oder Direktaussaat 4–6 Wochen vor dem durchschnittlich ersten Frost

Sonnenbedarf: 6+ Stunden täglich, verträgt im Sommer mehr Schatten

Wasserbedarf: mittel

Erntekategorie: in vielen Regionen den ganzen Herbst/Winter hindurch; im Frühling wetterabhängige Ernte

Für Anfänger empfohlene Sorten: Winterbor, Halbhoher Grüner Krauser, Nero di Toscana, Frostara, Kadett

Wissenswert: Eine Tasse roher Grünkohl liefert über 100 Prozent der täglich empfohlenen Mengen der Vitamine A und K.

Steckbrief

Grünkohl, das Paradegemüse, wenn man sich gesund ernähren möchte, kann in Gärten angebaut werden, wenn dafür am meisten Fläche zur Verfügung steht. Grünkohl mag es kalt und schmeckt besser, wenn er nach dem Frost geerntet wird – damit ist er das ideale Herbstgemüse. Er kann aber auch im Frühjahr angebaut werden und wird verzehrt, ehe das Sommergemüse auf den Plan tritt.

Anbau

Grünkohl kann im Haus sowohl im Winter (fürs Anpflanzen im Frühjahr) als auch im Sommer (fürs Anpflanzen im Herbst) vorgezogen werden, damit der Start in die Saison schneller geht. Er wächst aber auch direkt im Garten ausgesät gut. Setzen Sie die Samen 7,5 cm auseinander in die Erde und dünnen Sie sie später aus, bis der Abstand 30–45 cm beträgt.

Pflege

Grünkohl liebt einen reichhaltigen, fruchtbaren Standort mit einem pH-Wert über 5,5 und wächst in etwa 2 Monaten zur vollen Reife heran. Er braucht konstante Feuchtigkeit, weil seine Wurzeln nicht tief in den Boden reichen und schnell austrocknen. Trockene Wurzeln sind besonders im Herbst ein Problem, wenn die jungen Pflanzen in der heißeren, trockeneren Jahreszeit gewachsen sind. Eine großzügige Mulchschicht hilft, die Verdunstung zu verhindern, und isoliert im kalten Winter den Boden. In den meisten Regionen überdauert Grünkohl den Winter. Er wächst zwar langsamer oder gar nicht, aber sobald die Tage länger werden, fängt er wieder zu wachsen an.

Ernte und Lagerung

Wie bei Kopfsalat und anderem Blattgemüse werden beim Grünkohl die zarten Blätter von außen nach innen geerntet. Er wird von innen her weitere Blätter entwickeln. Die Blätter lagern Sie am besten im Kühlschrank oder im Gefrierfach. Viele mögen getrocknete »Grünkohl-Chips«.

Häufige Probleme

Die Sommerhitze lässt die Blätter des Grünkohls zäher werden, und häufig schießt er bei hohen Temperaturen ins Kraut und entwickelt Blütenstängel. Die beste Ernte erzielen Sie, wenn Sie Grünkohl als Herbstgemüse oder zu Frühlingsanfang pflanzen. Danach, wenn es im Sommer wärmer wird, können Sie ihn durch eine wärmeliebende Sukzessionspflanze ersetzen.

Kartoffeln

SEHR EINFACH, FÜR KÜBEL UND HOCHBEETE GEEIGNET

Familie: Solanaceae (Nachtschattengewächse)

Anbauzone: keine Angabe

Vegetationszeit: kühles Wetter: Frühling

Abstand: 30 cm

Anzucht im Haus oder Direktsaat: Direktaussaat von Pflanzkartoffeln

Innenaussaat: keine Angabe

Früheste Anpflanzung im Freien: 4–6 Wochen vor dem durchschnittlich letzten Frost

Bodentemperatur: 10–25 °C

Herbstpflanzung: 12–14 Wochen vor dem durchschnittlich ersten Frost

Sonnenbedarf: 6+ Stunden täglich

Wasserbedarf: mittel

Erntekategorie: eine Ernte

Für Anfänger empfohlene Sorten: Rote Norland, Kennebec, Annabelle, Sieglinde, Linda

Tipp: Kartoffeln mögen keinen Frost, sondern sollten bis Ende Oktober aus der Erde. Um lange Zeit Kartoffeln ernten zu können, pflanzen Sie am besten frühe und späte Sorten an.

Steckbrief

Kartoffeln gehören zu den Gemüsesorten, deren Anbau und Ernte am meisten Freude macht. In kühlen Regionen wachsen sie die ganze Saison bis zur Ernte im Spätsommer. In wärmeren Regionen werden die Knollen im Frühsommer geerntet und machen dann Platz für Folgepflanzen. Einige Sorten, wie frühe rote Kartoffeln, sind bereits rund 60 Tage nach dem Anpflanzen reif, späte Sorten, etwa Donella, brauchen bis zu 4 Monate.

Anbau

Kaufen Sie sich bei einer Landwirtschaftskooperative am Ort, einem Futtermittelgeschäft oder einem seriösen Online-Saatguthandel Pflanzkartoffeln. Diese kleinen Kartoffeln werden in zertifizierter krankheitsfreier Umgebung produziert. Wenn der Boden im Frühjahr bearbeitet werden kann, heben Sie mit einer Hacke 10 cm tiefe Gräben aus und setzen die Kartoffeln im Abstand von 30 cm hinein. Bedecken Sie die Kartoffeln vollständig mit der ausgehobenen Erde und markieren Sie die Reihen. Je nach Wetter und Bodentemperatur erscheinen nach ungefähr 3 Wochen kräftige, dunkelgrüne, rosettenförmige Triebe.

Pflege

Wenn die Pflanzen etwa 15 cm hoch sind, häufen Sie mit einer Schaufel die Erde rund um die Pflanzen auf. 3 Wochen später wiederholen Sie diesen Vorgang. Kartoffelknollen beginnen auf Bodenniveau zu wachsen, aber wenn sie Licht ausgesetzt sind, bekommen sie grüne Schalen, die in großen Mengen verzehrt giftig ist. Durch das »Anhäufeln« haben die Knollen mehr Platz zum Wachsen, ohne von der Sonne beschienen zu werden. Halten Sie den Boden gleichmäßig feucht, aber nicht zu nass.

Ernte und Lagerung

Das Kartoffelgrün verliert irgendwann seine tiefgrüne Farbe und vergilbt, es stirbt allmählich ab. Warten Sie etwa 3 Wochen und lockern Sie dann mit einer Schaufel 30 cm von der Pflanze entfernt rundherum die Erde. Schon knapp unter der Oberfläche sollten Sie Kartoffeln sehen. Gehen Sie behutsam damit um, weil sie recht empfindlich sind. Zum Erntezeitpunkt sind sie reif zum Verzehr, wenn Sie sie aber länger lagern möchten, stellen Sie die ungewaschenen Kartoffeln zunächst für 1–2 Wochen an einen kühlen, dunklen Ort und dann an den kältesten Platz im Haus oder in den Keller (eine Temperatur von 10 °C ist ideal).

Häufige Probleme

Die Dürrfleckenkrankheit kann nicht nur Tomaten befallen, sondern auch bei Kartoffeln zu gelblichen Flecken auf den Blättern führen. Bauen Sie keine Kartoffeln an einem Ort an, wo in den 3–4 Jahren zuvor Tomaten gestanden sind. Mulchen Sie mit biologischem Heu oder Stroh.

Mangold

SEHR EINFACH UND SCHNELL, FÜR KÜBEL UND HOCHBEETE GEEIGNET

Familie: Amaranthaceae (Fuchsschwanzgewächse)

Anbauzone: keine Angabe

Vegetationszeit: kühles Wetter: Frühling und Herbst

Abstand: 15–30 cm

Anzucht im Haus oder Direktsaat: Direktsaat

Innenaussaat: keine Angabe

Früheste Anpflanzung im Freien: 4 Wochen vor dem durchschnittlich letzten Frost

Bodentemperatur: 10–30 °C

Herbstpflanzung: 10 Wochen vor dem durchschnittlich ersten Frost

Sonnenbedarf: 4+ Stunden täglich

Wasserbedarf: mittel

Erntekategorie: ganzjährig, manchmal wetterabhängig

Für Anfänger empfohlene Sorten: Fordhook Giant, Bright Lights, Rhubarb Chard, Bright Yellow

Tipp: Junge Blätter können für Salate verwendet werden. Sowohl reife Stiele als auch Blätter schmecken in der Pfanne gebraten gut, da die Stiele länger gegart werden müssen, die Blätter erst gegen Ende dazugeben.

Steckbrief

Mangold ist sehr nährstoffreich und macht sich in jedem Garten wunderbar. Da dieses mit Rüben und Spinat verwandte Blattgemüse bei hohen Temperaturen weniger zum Ausschießen neigt als andere Gemüse und Kälte gut verträgt, kann es in verschiedensten Jahreszeiten geerntet werden.

Anbau

Mangold ist in puncto Bodenbeschaffenheit nicht anspruchsvoll, mag aber einen leicht sauren pH-Wert (6,0–7,0) und gedeiht in durchlässiger, lehmiger Erde. Säen Sie die Samen im Abstand von 2,5–5 cm direkt aus, und wenn sich Triebe zeigen, schneiden Sie überschüssige auf Bodenniveau ab (heben Sie diese Keimlinge als Salatzugabe auf!), bis ein Abstand von 15–30 cm erreicht ist.

Pflege

Mangold schießt bei Hitze nicht so schnell ins Kraut wie andere Gemüsearten, wenn überhaupt. Mulchen Sie rund um die Pflanzen, um Feuchtigkeit und Temperatur zu kontrollieren und so das Ausschießen zu verhindern. Wässern Sie Mangold kontinuierlich, da den Mangold eher zu wenig Wasser als hohe Temperaturen ins Kraut schießen lässt.

Ernte und Lagerung

Ernten Sie junge Mangoldblätter bei einer Höhe von 10 cm, und zwar von außen nach innen. Wenn Sie auch die Stiele verwerten wollen, ernten Sie die ganze Pflanze bei einer Höhe von 25 cm, indem Sie sie etwa 5 cm über dem Boden abschneiden. Lassen Sie die Pflanze stehen, damit sie erneut austreibt. Lagern Sie Blätter und Stiele im Kühlschrank, und waschen Sie sie erst kurz vor der Zubereitung.

Häufige Probleme

Nackt- und Gehäuseschnecken lieben Mangold, insbesondere in kühleren, feuchteren Zeiten im Jahr. Verteilen Sie rund um die einzelnen Pflanzen eine schmale Linie Kieselgur, und pflücken Sie alle Schädlinge mit der Hand von den Blättern.

Möhren

FÜR KÜBEL UND HOCHBEETE GEEIGNET

Familie: Apiaceae (Doldenblütler)

Anbauzone: keine Angabe

Vegetationszeit: kühles Wetter: Frühling und Herbst

Abstand: 5–7,5 cm

Anzucht im Haus oder Direktsaat: Direktsaat

Innenaussaat: keine Angabe

Früheste Anpflanzung im Freien: 4–6 Wochen vor dem durchschnittlich letzten Frost

Bodentemperatur: keine Angabe

Herbstpflanzung: 4–8 Wochen vor dem durchschnittlich ersten Frost

Sonnenbedarf: 6+ Stunden täglich

Wasserbedarf: mittel

Erntekategorie: eine Ernte

Für Anfänger empfohlene Sorten: Danvers 126 (amerikanische Sorte), Scarlet Nantes

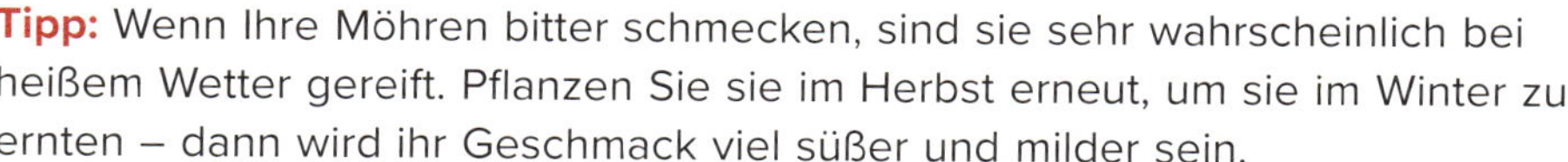

Tipp: Wenn Ihre Möhren bitter schmecken, sind sie sehr wahrscheinlich bei heißem Wetter gereift. Pflanzen Sie sie im Herbst erneut, um sie im Winter zu ernten – dann wird ihr Geschmack viel süßer und milder sein.

Steckbrief

Möhren können eine der lohnendsten Gemüsesorten im eigenen Garten sein, der Anbau ist aber mitunter eine Herausforderung. Sie können sowohl im Frühjahr als auch im Herbst angepflanzt werden, viele bevorzugen aber den Herbst, weil Möhren besser schmecken, wenn sie erst nach mehreren Frösten geerntet werden.

Anbau

Möhren brauchen lockere Erde. Lockern Sie deshalb vor dem Einpflanzen der Samen mit einer Schaufel den Boden bis in 20 cm Tiefe. Entfernen Sie Steine und zerkleinern große Erdklumpen. Um gleichmäßige Möhrenreihen zu erzielen, ziehen Sie mit einer Harke nebeneinander mehrere flache Gräben. Setzen Sie die Samen nicht tiefer als 1 cm in die Erde oder streuen Sie sie einfach in die Gräben und arbeiten sie mit einem Rechen oder den Fingern leicht in die Erde ein.

Pflege

Möhrensamen brauchen bis zu 3 Wochen, um zu keimen. Halten Sie den Boden in dieser Zeit gleichmäßig feucht. Wenn sie dann keimen, knipsen Sie überschüssige Setzlinge auf Bodenniveau ab, sodass die verbleibenden Pflanzen 5–7,5 cm Abstand haben.

Ernte und Lagerung

Auf Saatguttütchen finden Sie den Hinweis, wann das Gemüse nach Aussaat in der Regel erntereif ist. Planen Sie danach den Beginn Ihrer Erne ein. Im Herbst kann es allerdings aufgrund der kühleren Temperaturen etwas länger dauern. Kratzen Sie mit einem Finger die Erde um den Ansatz der Möhre herum weg, und drehen Sie sie heraus, wenn sie etwa 2,5 cm dick ist (manche werden bis zu 5 cm dick). Zum Ernten stechen Sie ein paar Zentimeter neben der Möhre eine Schaufel senkrecht in den Boden und lockern die Erde, bis sich die Möhre leicht herausziehen lässt. Entfernen Sie umgehend das Grün (sonst werden die Möhren schnell weich), und lagern Sie die Möhren im Kühlschrank. Wenn Sie sie über längere Zeit aufbewahren wollen, legen Sie sie in einen mit Sand gefüllten Behälter, den Sie an einen kühlen, dunklen Platz stellen, beispielsweise in die Garage.

Häufige Probleme

Das größte Problem beim Möhrenanbau ist eine schlechte Keimung, die zumeist darauf zurückzuführen ist, dass der Boden nicht feucht gehalten wird. Bedecken Sie den Boden mit einem Jutesack oder einer flachen Reihenabdeckung, damit weniger Feuchtigkeit verloren geht, und sorgen Sie für zusätzliche Bewässerung, wenn zu wenig Regen fällt.

Radieschen

SEHR EINFACH UND SCHNELL, FÜR KÜBEL UND HOCHBEETE GEEIGNET

Familie: Brassicaceae (Kreuzblütengewächse)

Anbauzone: keine Angabe

Vegetationszeit: kühles Wetter: Frühling und Herbst

Abstand: 5–10 cm

Anzucht im Haus oder Direktsaat: Direktsaat

Innenaussaat: keine Angabe

Früheste Anpflanzung im Freien: 6 Wochen vor dem durchschnittlich letzten Frost

Bodentemperatur: 7–32 °C

Herbstpflanzung: 4 Wochen vor dem durchschnittlich ersten Frost

Sonnenbedarf: 4+ Stunden täglich

Wasserbedarf: niedrig

Erntekategorie: eine Ernte

Für Anfänger empfohlene Sorten: Cherry Belle, French Breakfast, Long White Icicle

Tipp: Setzen Sie Radieschen- und Möhrensamen in eine Reihe. Die rasch keimenden Radieschen markieren die Reihe, in der später auch die langsam keimenden Möhren wachsen. Radieschen sind erntereif, ehe die Möhren den Platz brauchen.

Steckbrief

Radieschen gehören zu den am schnellsten wachsenden und am einfachsten anzubauenden Gemüsesorten und sind auch mit die ersten, die im Frühjahr geerntet werden können. Sie brauchen nur wenig Platz und können auch Lücken in Pflanzkübeln, Hoch- und Flachbeeten füllen.

Anbau

Radieschen brauchen keinen speziellen Boden. Verstreuen Sie die Samen oder setzen Sie sie in Reihen, aber nicht zu dicht, weil sie in der Regel recht schnell keimen. Für mehrere Ernten planen Sie im Abstand von 10 Tagen immer neue Anpflanzungen – bis etwa 4 Wochen vor der Sommerhitze.

Pflege

Radieschen wachsen normalerweise gut von selbst, ohne dass man viel tun muss. Dünnen Sie überschüssige Keimlinge aus, bis ein Abstand von 2,5–5 cm erreicht ist, und mulchen Sie, um Unkraut zu verhindern. Wenn die Radieschen etwas aus dem Boden ragen, sind sie reif für die Ernte.

Ernte und Lagerung

Beginnen Sie mit der Ernte, sobald die Radieschen sichtbar sind, das ist in der Regel bei einem Durchmesser von 2,5 cm der Fall. Lassen Sie sie dann nicht mehr lange in der Erde, weil sie sonst immer härter werden. Ein paar können Sie im Boden belassen, damit sie ins Kraut schießen und blühen. Nützliche Insekten lieben diese Blüten, und wenn man sie sich selbst aussäen lässt, können weitere Radieschen wachsen.

Häufige Probleme

Wenn Radieschen in der Sommerhitze wachsen (oder wenn Sie die Ernte zu lange hinauszögern), werden sie stechend scharf und manchmal auch bitter. Wenn Sie sie ernten, bevor es richtig heiß wird, schmecken Sie süßer.

Rosenkohl

FÜR KÜBEL UND HOCHBEETE GEEIGNET

Familie: Brassicaceae (Kreuzblütengewächse)

Anbauzone: keine Angabe

Vegetationszeit: kühles Wetter

Abstand: 45 cm

Anzucht im Haus oder Direktsaat: Anzucht im Haus oder Setzlinge

Innenaussaat: 6 Wochen vor dem Umpflanzen

Früheste Anpflanzung im Freien: in kühlen Klimazonen 3 Wochen vor dem durchschnittlich letzten Frost, in warmen Zonen Hochsommer

Bodentemperatur: keine Angabe

Herbstpflanzung: keine Angabe

Sonnenbedarf: 6+ Stunden täglich

Wasserbedarf: hoch

Erntekategorie: schnelle Ernte

Für Anfänger empfohlene Sorten: Long Island Improved, Groninger, Hilds Ideal

Wissenswert: Im Laden erhältlicher Rosenkohl wächst in Regionen, in denen Frost sehr unwahrscheinlich ist. Wenn Ihr eigener Rosenkohl ein paar Fröste erleben darf, werden Sie den Unterschied schmecken.

Steckbrief

Selbst angebauter Rosenkohl ist viel süßer und geschmackvoller als der aus dem Supermarkt. Die größte Herausforderung beim Anbau ist zu wissen, wann er gepflanzt werden sollte. Rosenkohl hat eine lange Wachstumsphase – 3–4 Monate nach dem Umpflanzen –, er mag aber keine Hitze. In kühlen Klimazonen mit milden Sommern wird er im Spätfrühling angepflanzt und nach dem Einsetzen des Frostes geerntet. In wärmerem Klima warten Sie mit dem Anpflanzen bis zum Hoch- oder Spätsommer, mindestens bis 3 Monate vor dem ersten Frost.

Anbau

Rosenkohl kann direkt im Garten ausgesät werden, für Anfänger empfehle ich aber Setzlinge, die Sie im Abstand von 45 cm einpflanzen. Rosenkohl liebt durchlässigen, sandigen, kompostreichen Lehmboden, der ihn gut durch die Saison bringt. Schützen Sie ihn möglichst vor Wind, indem Sie ihn unweit von höheren Pflanzen anbauen oder um die Pflanzen Erde aufhäufen, damit sie sicher stehen.

Pflege

Mulchen Sie die Pflanzen, um die Feuchtigkeit zu erhalten, und bewässern Sie sie gut, insbesondere bei Hitze und Trockenheit. Da er in reichhaltigem fruchtbaren Boden am besten gedeiht, profitiert Rosenkohl davon, wenn Sie ihm im Laufe der Saison mehrmals Flüssigdünger wie Fisch- oder Algenextrakt gönnen.

Ernte und Lagerung

Ernten Sie Rosenkohl von unten nach oben, wenn die Röschen etwa 2 cm dick sind und sich noch nicht geöffnet haben. Wenn Sie vor dem Ernten ein paar leichte Fröste abwarten, schmecken sie süßer. Drehen Sie die einzelnen Röschen ab und lagern Sie sie im Kühlschrank, ohne sie zu waschen (Wasser verkürzt ihre Haltbarkeit).

Häufige Probleme

Da Rosenkohl langsam wächst, fragen sich wohl viele Gärtner, ob sie denn überhaupt eine Ernte bekommen. Üben Sie sich in Geduld, und wenn strenger Frost droht, schützen Sie die Pflanzen mit Reihenabdeckungen, um ihnen mehr Zeit zu geben. Wenn dann immer noch nichts zu ernten ist, ändern Sie im nächsten Jahr den Zeitpunkt des Anpflanzens und sorgen Sie für eine noch höhere Bodenfruchtbarkeit.

Rote Bete

FÜR KÜBEL UND HOCHBEETE GEEIGNET

Familie: Amaranthaceae (Fuchsschwanzgewächse)

Anbauzone: keine Angabe

Vegetationszeit: kühles Wetter: Frühling und Herbst

Abstand: 10–15 cm

Anzucht im Haus oder Direktsaat: beides

Innenaussaat: 2–4 Wochen vor dem Umpflanzen (6–8 Wochen vor dem durchschnittlich letzten Frost)

Früheste Anpflanzung im Freien: 4 Wochen vor dem durchschnittlich letzten Frost

Bodentemperatur: 10–30 °C

Herbstpflanzung: Direktsaat, bis zu 12 Wochen vor dem durchschnittlich ersten Frost

Sonnenbedarf: 4+ Stunden täglich

Wasserbedarf: mittel

Erntekategorie: eine Ernte

Für Anfänger empfohlene Sorten: Detroit Dark Red, Red Ace F1, Tonda di Chioggia, Burpees Golden

Tipp: Rote Bete kann drei unterschiedliche Ernten liefern. 8 cm hohe Keimlinge schmecken hervorragend in Salaten – heben Sie sie also auf, wenn Sie sie ausdünnen. Das Grün reifer Roter Bete kann wie anderes Gemüse gegart werden. Und die Wurzeln können Sie früh als »Babybete« oder später als ausgewachsene Rote Bete ernten.

Steckbrief

Rote Bete ist ein Winterwurzelgemüse, das in Reihen oder auf offenen Flächen im Garten angebaut werden kann. Auf den Tisch kommen sowohl die Wurzeln als auch die Blätter. In lockerem, sandigem Lehmboden mit nahezu neutralem pH-Wert (6,5–6,8) und viel organischem Material angebaut, liefert die Rote Bete die beste Ernte.

Anbau

Rote Bete kann in Hoch- und Flachbeeten oder Pflanzgefäßen direkt ausgesät oder auch im Haus vorgezogen werden. Jeder Samen enthält tatsächlich mehrere Samen, die Sie auf einen einzigen Keimling ausdünnen müssen, sobald sie 5–7,5 cm hoch sind. Bei der Direktsaat setzen Sie die Samen mit 2,5 cm Abstand gut 1 cm tief ein, und später dünnen Sie sie aus, bis ein Abstand von 10–15 cm erreicht ist (wenn Sie sie bereits als »Babybete« ernten wollen, reichen 5 cm aus). Weichen Sie vor dem Aussäen die Samen 24 Stunden in Wasser ein, denn das beschleunigt die Keimung.

Pflege

Halten Sie den Pflanzbereich bis zur Keimung ständig feucht, danach gießen Sie ihn regelmäßig. Mulchen Sie, um die Feuchtigkeit zu erhalten, und etwa in der Mitte der Saison reichern Sie die Erde mit einem ausgewogenen Dünger oder einer dünnen Kompostschicht an.

Ernte und Lagerung

Wenn Sie sowohl das Grün als auch die Wurzeln ernten wollen, können Sie jeweils bis zu einem Drittel der Blätter auf einmal abschneiden, bis Sie schließlich die Knolle herausziehen. Die Rote Bete kann in jedem Entwicklungsstadium geerntet werden. Lockern Sie dazu mit einer Kelle die Erde rund um die Pflanze und ziehen die Wurzel heraus. Scheiden Sie das Grün sofort ab und lassen Sie etwa 2,5 cm von den Stielen daran, wenn Sie die Rote Bete im Keller lagern wollen. In Regionen, in denen der Boden nicht gefriert, können Sie eine Herbstpflanzung stehen lassen und bei Bedarf ernten.

Häufige Probleme

Wühlmäuse verstecken sich im Mulch und fressen die Rote Bete. Wenn Sie wissen, dass es in Ihrem Garten Wühlmäuse gibt, lassen Sie besser den Mulch weg.

Rucola

SEHR EINFACH UND SCHNELL, FÜR KÜBEL UND HOCHBEETE GEEIGNET

Familie: Brassicaceae (Kreuzblütengewächse)

Anbauzone: keine Angabe

Vegetationszeit: kühles Wetter: Frühling, Herbst, Winter

Abstand: 8–15 cm

Anzucht im Haus oder Direktsaat: Direktsaat

Innenaussaat: keine Angabe

Früheste Anpflanzung im Freien: 6 Wochen vor dem durchschnittlich letzten Frost

Bodentemperatur: 5–24 °C

Herbstpflanzung: 2–6 Wochen vor dem durchschnittlich ersten Frost

Sonnenbedarf: 4+ Stunden täglich

Wasserbedarf: niedrig; bei Hitze höher

Erntekategorie: wetterabhängig

Für Anfänger empfohlene Sorten: keine Angabe

Wissenswert: Obwohl wir Rucola wie Kopfsalat essen, gehört sie tatsächlich wie Brokkoli und Kohl zur Familie der Kreuzblütengewächse. Deshalb ist es leicht zu erkennen, wenn die Samen keimen, weil die Sprossen die typische »Schleifen«-Form haben.

Steckbrief

Rucola gehört zu den am leichtesten anzubauenden und beliebtesten Gemüsesorten und gedeiht unter allen Bedingungen – außer bei großer Hitze oder Kälte. Ihr typisches pfeffriges Aroma verleiht gemischten Salaten das gewisse Etwas, aber auch ein Salat nur aus Rucola schmeckt gut.

Anbau

Setzen Sie die Samen in flachen Reihen mit 2,5–5 cm Abstand ein oder streuen sie auf ein Beet. Dünnen Sie die Keimlinge später auf einen Abstand zwischen 7–15 cm aus. Mit ihrem niedrigen Wuchs und ihrem flexiblen Sonnenbedarf kann Rucola neben höheren Pflanzen angebaut werden. Dicht ausgesät, werden die Rucolapflanzen zwar kleiner, verhindern aber auch Unkraut. Halten Sie die Fläche bis zur Keimung gut feucht.

Pflege

Da Rucola es eher kühl mag, sollten Sie mulchen, wenn die Pflanzen 15 cm hoch sind, damit die Bodentemperatur nicht zu sehr ansteigt. Bewässern Sie sie bei warmem Wetter.

Ernte und Lagerung

Die ersten Blätter können Sie ernten, wenn sie mindestens 7 cm hoch sind. Entnehmen Sie sie von außen nach innen. Am besten schmecken junge Rucolablätter; größere Exemplare entwickeln eine markantere pfeffrige Note. Geben Sie die Blätter umgehend in den Kühlschrank, damit sie nicht welken. Rucola ist sehr kältetolerant, und in vielen Regionen kann man sie den ganzen Winter hindurch ernten.

Häufige Probleme

Wenn es im Sommer immer wärmer wird, schießt Rucola wie anderes Gemüse ins Kraut. Aber im Gegensatz zu Kopfsalat ist Rucola dann nicht ungenießbar, sie wird aber recht scharf. Wenn Sie genug Platz haben, lassen Sie ins Kraut geschossene Rucola blühen, um nützliche Insekten anzulocken. Wenn sie ihren Lebenszyklus abschließen darf, sät sich Rucola selbst aus – und Sie können sich auf eine erneute Ernte freuen.

Salat

SEHR EINFACH, FÜR KÜBEL UND HOCHBEETE GEEIGNET

Familie: Asteraceae (Korbblütler)

Anbauzone: keine Angabe

Vegetationszeit: kühles Wetter: Frühling und Herbst

Abstand: Blattsalat 10–15 cm, Kopfsalat 25 cm

Anzucht im Haus oder Direktsaat: beides

Innenaussaat: 4 Wochen vor dem Umpflanzen (8 Wochen vor dem durchschnittlich letzten Frost)

Früheste Anpflanzung im Freien: 4 Wochen vor dem durchschnittlich letzten Frost, Saat oder Setzlinge

Bodentemperatur: 4–26 °C

Herbstpflanzung: 1–6 Wochen vor dem durchschnittlich ersten Frost

Sonnenbedarf: 4+ Stunden täglich

Wasserbedarf: im Frühling niedrig, bei wärmerem Wetter höher

Erntekategorie: wetterabhängig

Für Anfänger empfohlene Sorten: Kopfsalat Buttercrunch, Romanasalat Parris Island Cos, Wintersalat Rouge d'Hiver

Tipp: Die verschiedenen Sorten vertragen Hitze und Kälte unterschiedlich gut. Lesen Sie die Etiketten, und pflanzen Sie im Frühling hitzetolerante Arten und im Herbst kältetolerante.

Steckbrief

Salat gehört zu den am leichtesten anzubauenden, am schnellsten wachsenden und zuverlässigsten Gemüsepflanzen und gedeiht bei kühlen Frühlings-

und Herbsttemperaturen. Einige kältetolerante Arten überstehen sogar den Winter, insbesondere, wenn sie abgedeckt werden. Für eine kontinuierliche Ernte sollten Sie im Frühling und im Herbst alle 2 Wochen aussäen.

Anbau

Salat kann im Haus vorgezogen werden, um im Frühling schnelle Ernten zu erzielen oder um die Herbstanpflanzung vorzubereiten, wenn es im Spätsommer draußen noch zu heiß ist. Bei der Innenanzucht wie bei der Direktaussaat verstreuen Sie die Samen auf der Erde und arbeiten sie leicht mit den Fingern oder einem Rechen ein, aber nicht untergraben, denn die oberflächliche Aussaat sorgt für die beste Keimung. Halten Sie die Fläche feucht, und dünnen Sie die Triebe auf den nötigen Abstand aus.

Pflege

Ist er erst einmal etabliert, benötigt Salat nur wenig Pflege. Sorgen Sie für ständige Bewässerung, und achten Sie auf Insekten wie Blattläuse und Raupen. Kopfsalat gedeiht wunderbar unterhalb von vertikal wachsenden Pflanzen wie Tomaten, Erbsen und Bohnen. Diese werfen Schatten auf die Salatköpfe und können dadurch die Ernte bis in den Sommer hinein ermöglichen. Mulchen Sie das Beet gut, um die Bodentemperatur niedrig zu halten, damit der Salat nicht ins Kraut schießt.

Ernte und Lagerung

Ernten Sie bei Blattsalaten die äußeren Blätter – die Pflanze produziert dann von der Mitte her weitere Blätter. Behalten Sie den Salat im warmen Frühsommer im Auge, denn bei hohen Temperaturen und Trockenheit schießt er ins Kraut und wird bitter. Kopfsalat (der in der Regel nur in kühlen Klimazonen gedeiht) ernten Sie, wenn die Köpfe fest sind.

Häufige Probleme

Wenn der Salat anfängt, im Zentrum einen Strunk zu bilden (auszuschießen), hat er das Ende seiner Lebensspanne erreicht. Dann sind die Blätter ungenießbar bitter, und man kann nichts mehr dagegen tun. Wenn Sie nicht genügend Platz haben, ziehen Sie die Pflanzen heraus und kompostieren sie, ansonsten lassen Sie sie stehen und Blüten ausbilden, die nützliche Insekten anlocken.

Spinat

FÜR KÜBEL UND HOCHBEETE GEEIGNET

Familie: Amaranthaceae (Fuchsschwanzgewächse)

Anbauzone: keine Angabe

Vegetationszeit: kühles Wetter: Frühling, Herbst, Winter

Abstand: 10–15 cm

Anzucht im Haus oder Direktsaat: beides

Innenaussaat: 4 Wochen vor dem Umpflanzen (10 Wochen vor dem durchschnittlich letzten Frost im Frühjahr oder 4–8 Wochen vor dem letzten Frost im Herbst)

Früheste Anpflanzung im Freien: 6 Wochen vor dem durchschnittlich letzten Frost

Bodentemperatur: 7–24 °C

Herbstpflanzung: 6 Wochen vor dem durchschnittlich ersten Frost (Direktsaat), 0–6 Wochen vor dem durchschnittlich ersten Frost (Setzlinge)

Sonnenbedarf: 4+ Stunden täglich

Wasserbedarf: mittel

Erntekategorie: wetterabhängig

Für Anfänger empfohlene Sorten: Bloomsdale Long Standing, Butterflay, Matador

Tipp: Weil Spinat kühleres Wetter liebt, ist er eine exzellente Sukzessionspflanze. Beispielsweise könnten Sie 4 Wochen nach dem letzten Frost junge Paprikaschoten zusammen mit Spinat anpflanzen. Wenn der Spinat ins Kraut schießt, ziehen Sie ihn raus, damit die Paprika sich in der Wärme ausbreiten kann. Und im Herbst können Sie dann erneut Spinatsamen im Schatten der Paprikapflanzen aussäen.

Steckbrief

Spinat gehört zu den nahrhaftesten Gemüsesorten und ist eine der zuverlässigsten und widerstandsfähigsten Pflanzen für den Gemüsegarten. Es ist zwar etwas schwieriger, die Samen zum Keimen zu bekommen, aber ist Spinat erst einmal etabliert, ist er recht unkompliziert.

Anbau

Die meisten Gärtner pflanzen Spinat im Frühling an, je früher, desto besser. Aber noch besser eignen sich Herbst und Winter, weil Spinat kaltes Wetter mag. Setzen Sie die Samen 0,5 cm tief in eine flache Furche, bedecken sie mit Erde und wässern sie gut. Wenn Sie die Samen im Haus vorziehen möchten, nehmen Sie dafür ein tiefes Gefäß, weil Spinat eine Pfahlwurzel ausbildet, und seien Sie beim Umpflanzen besonders vorsichtig.

Pflege

Mulchen Sie Spinatpflanzen gut, um im Sommer wie im Winter die Bodentemperatur zu kontrollieren. An den kurzen Tagen im Winter gedeihen die Pflanzen in der vollen Sonne gut, aber im Frühjahr und Sommer mögen sie den Schatten größerer Pflanzen. Im Winter, wenn es keine 10 Stunden am Tag hell ist, hört Spinat zu wachsen auf, aber Sie können noch immer bis zu einem Drittel der Blätter ernten. Und ein paar Wochen später können Sie, wenn sich neue Blätter gebildet haben, ein weiteres Drittel ernten. Werden die Tage im Frühling wieder länger, fängt Spinat überall außer in den kältesten Regionen wieder zu wachsen an.

Ernte und Lagerung

Ernten Sie zuerst die äußeren Blätter, entweder schon als kleinen Babyspinat oder als größeren Blattspinat. Geben Sie die Blätter sofort nach der Ernte in den Kühlschrank.

Häufiges Problem

Wenn die Tage länger werden und es immer wärmer wird, schießt Spinat ins Kraut und entwickelt Blütenstängel. Wenn das passiert, probieren Sie die Spinatblätter, denn häufig werden sie bitter. Wenn Sie den Platz haben, lassen Sie die geschossenen Pflanzen blühen, um nützliche Insekten anzulocken.

Weißkohl

FÜR HOCHBEETE GEEIGNET

Familie: Brassicaceae (Kreuzblütengewächse)

Anbauzone: keine Angabe

Vegetationszeit: kühles Wetter: Frühling oder Herbst

Abstand: 45 cm

Anzucht im Haus oder Direktsaat: Anzucht im Haus oder Setzlinge

Innenaussaat: 6 Wochen vor dem Umpflanzen (9 Wochen vor dem durchschnittlich letzten Frost)

Früheste Anpflanzung im Freien: 3 Wochen vor dem durchschnittlich letzten Frost

Bodentemperatur: keine Angabe

Herbstpflanzung: Anzucht im Haus 12 Wochen vor dem durchschnittlich ersten Frost; 6 Wochen vor dem durchschnittlich ersten Frost umpflanzen

Sonnenbedarf: 6+ Stunden täglich

Wasserbedarf: mittel

Erntekategorie: bei Sorten mit großem Kopf eine Ernte; einige Sorten bilden noch kleine Köpfe aus, nachdem der erste geerntet wurde

Für Anfänger empfohlene Sorten: Flat Dutch, Braunschweiger, Filderkraut

Tipp: Aufgrund seiner langen Wachstumsphase wächst der Kohl auch noch im heißen Frühsommer. Planen Sie voraus und pflanzen Sie südlich oder westlich der Kohlköpfe Klettergewächse, die ihnen Schatten spenden.

Steckbrief

Viele Gärtner mit kleiner Anbaufläche verzichten auf Weißkohl, weil auch eine große Pflanze nur einen einzigen Kopf produziert. Wenn Sie aber etwas mehr Platz haben, werden Sie feststellen, dass der Anbau von Kohl eine Freude ist, zudem ist er ein schöner Blickfang im Garten.

Anbau

Weißkohl pflanzt man am besten als Setzling ein, sowohl im Frühling als auch im Herbst. Züchten Sie die Samen im Haus an oder kaufen im Gartencenter Setzlinge. Pflanzen Sie sie etwas tiefer als im ursprünglichen Behälter ein, sodass die Blätter den Boden berühren. Kohl braucht pH-neutrale Erde an einem sehr fruchtbaren Standort; pflanzen Sie ihn auf Flächen, auf denen vorher mindestens 3 Jahre keine Kreuzblütengewächse standen.

Pflege

Kohl braucht gleichmäßige Feuchtigkeit, aber zu viel mag er nicht. Mulchen Sie gut, und sorgen Sie für kontinuierliche Bewässerung, insbesondere in Trockenperioden. Gönnen Sie ihm in der Wachstumsphase ein paarmal Flüssigdünger wie Fisch- oder Algenextrakt, wenn er nicht mehr recht zu wachsen scheint. Bei großer Hitze sollten Sie über den Pflanzen für Schatten sorgen.

Ernte und Lagerung

Ernten Sie den Kohl, wenn er groß, aber noch fest ist, indem Sie ihn mit einem scharfen Messer am Strunk abschneiden. Wenn der Platz im Garten nicht zu knapp ist, lassen Sie die äußeren Blätter stehen, denn viele Sorten produzieren danach kleinere Köpfe, die Rosenkohl ähneln. Lagern Sie den Kohl im Kühlschrank oder im Keller bei 0,5–7 °C.

Häufige Probleme

Kohlraupen ernähren sich von Kohlpflanzen in allen Größen. Schützen Sie die Setzlinge gleich nach dem Einpflanzen mit Reihenabdeckungen. Andernfalls entfernen Sie die Raupen von Hand oder besprühen die Pflanzen bei den ersten Anzeichen von Schäden mit dem biologischen Insektizid *Bacillus thuringiensis*.

KAPITEL 7

Frühlings- und Sommergemüse

Auberginen
Grüne Bohnen
Gurken
Mais
Melonen
Okraschoten
Paprikaschoten
Sommerkürbisse und Zucchini
Süßkartoffeln
Tomaten
Winterkürbisse

Auberginen

FÜR KÜBEL UND HOCHBEETE GEEIGNET

Familie: Solanaceae (Nachtschattengewächse)

Anbauzone: keine Angabe

Vegetationszeit: warmes Wetter

Abstand: 45–60 cm

Anzucht im Haus oder Direktsaat: Anzucht im Haus oder Setzlinge

Innenaussaat: 8–12 Wochen vor dem Umpflanzen (6–10 Wochen vor dem durchschnittlich letzten Frost)

Früheste Anpflanzung im Freien: 2 Wochen nach dem durchschnittlich letzten Frost im Frühjahr

Bodentemperatur: 23–32 °C

Herbstpflanzung: 16 Wochen vor dem durchschnittlich ersten Frost (nur in wärmeren Klimazonen)

Sonnenbedarf: 8+ Stunden täglich

Wasserbedarf: mittel

Erntekategorie: ganzjährig

Für Anfänger empfohlene Sorten: Black Beauty, Dusky, Orient Express, Little Spooky

Tipp: Wenn Frost bevorsteht und Ihre Aubergine nur kleine Früchte trägt, pflücken Sie sie und machen daraus eine leckere Beilage aus Babyauberginen.

Steckbrief

Beim Anbau von Auberginen ist Hitze das A und O. Sie gedeihen in südlichen Regionen, aber auch in nördlicheren Zonen können Sie mit ein paar zusätzlichen Maßnahmen in den Genuss dieses prächtigen Gemüses kommen. Wenn Sie in einer Region mit kürzeren Sommern leben, züchten Sie Auberginensamen im Haus an und pflanzen Sie die Setzlinge in Hochbeete oder Pflanzgefäße, in denen sich die Erde schnell erwärmt.

Anbau

Wenn Sie die Samen drinnen vorziehen, sorgen Sie unbedingt für einen warmen Boden. Nehmen Sie dafür eine Wärmematte für Setzlinge (die auch für Paprika hilfreich ist), oder stellen Sie das Anzuchtgefäß auf den Wäschetrockner oder den Kühlschrank. Topfen Sie nötigenfalls die wachsenden Keimlinge in größere Behälter um, bis das Wetter stabil ist und es auch draußen warm genug ist. Dann können Sie sie im Abstand von 45–60 cm ins Freie pflanzen.

Pflege

Es ist zwar nicht unbedingt erforderlich, aber wenn Sie Auberginenpflanzen an Spalieren hochranken lassen, liegen die Früchte nicht auf dem Boden. Hierfür eignet sich ein einfacher Tomatenkäfig. Halten Sie den Boden gleichmäßig feucht, und mulchen Sie gut, da das Wurzelsystem der Auberginen nicht tief in die Erde reicht. Jäten Sie das Unkraut um die Pflanzen herum nicht mit einer Hacke, weil Sie damit die Wurzeln verletzen könnten.

Ernte und Lagerung

Auberginen können im Gegensatz zu anderen fruchttragenden Gemüsearten in unterschiedlichen Größen geerntet werden. Junge Auberginen können Sie schon bei einem Drittel ihrer ausgewachsenen Größe ernten; gehen Sie nur sicher, dass Sie sie ernten, solange ihre Haut noch glänzt. Schneiden Sie die Früchte am Stiel ab, und reißen oder drehen Sie nicht daran, denn das könnte die Pflanze beschädigen. Die Auberginen lagern Sie im Kühlschrank oder an einem anderen 4–10 °C kühlen Ort.

Häufige Probleme

Erdflöhe sind für gewöhnlich für Auberginen die schlimmsten Plagegeister und befallen vor allem die jungen Pflanzen. Schützen Sie die Setzlinge mit Reihenabdeckungen, die Sie wieder entfernen, wenn die Pflanzen blühen.

Grüne Bohnen

SEHR EINFACH UND SCHNELL, FÜR KÜBEL UND HOCHBEETE GEEIGNET, VERTIKALER WUCHS

Familie: Fabaceae (Hülsenfrüchtler)

Anbauzone: keine Angabe

Vegetationszeit: warmes Wetter

Abstand: 15 cm

Anzucht im Haus oder Direktsaat: Direktsaat

Innenaussaat: keine Angabe

Früheste Anpflanzung im Freien: nach dem letzten Frost

Bodentemperatur: 15–30 °C

Herbstpflanzung: nur Buschbohnen, 75 Tage vor dem durchschnittlich ersten Frost

Sonnenbedarf: 8+ Stunden täglich

Wasserbedarf: mittel

Erntekategorie: schnelle Ernte (Buschbohnen), ganzjährig (Stangenbohnen)

Für Anfänger empfohlene Sorten: Stangenbohne Blue Lake, Kentucky Wonder Pole, Buschbohne Contender

Tipp: Bohnen können zwar in Kübeln angebaut werden, aufgrund der geringen Fläche können Sie aber kaum so viele pflanzen, dass es sich lohnt. Für ein paar Mahlzeiten sind 5–10 Pflanzen nötig.

Steckbrief

Sie sind schön anzusehen, ertragreich und leicht zu ernten – deshalb gehören grüne Bohnen zu den ersten Pflanzen, die Gartenanfänger und -anfängerinnen anbauen. Sie müssen sich nur zwischen Busch- oder Stangenbohnen entscheiden. Buschbohnen sind früher erntereif, brauchen kein Spalier und produzieren innerhalb von 2–3 Wochen Früchte. Stangenbohnen tragen später Früchte, brauchen eine Kletterstütze, produzieren Bohnen, bis sie bei Frost absterben, und liefern einen größeren Gesamtertrag. Buschbohnen sind eine großartige Sukzessionspflanze, aber Stangenbohnen brauchen weniger Fläche, weshalb man mehr Pflanzen in einem Beet unterbringt.

Anbau

Warten Sie mit dem Anpflanzen von Bohnensamen, bis sich der Boden aufgewärmt hat. Zwar entwickeln sich schon bei 15 °C einzelne Keime, aber je wärmer der Boden ist, desto höher ist die Keimungsrate. Setzen Sie die Samen an einem Platz mit voller Sonne mit 7,5 cm Abstand, etwa 2,5 cm tief ein, und dünnen Sie sie nach der Keimung aus, bis sie sich im Abstand von 15 cm zueinander befinden. Vermeiden Sie es, die Samen in nasse, sumpfige Erde zu pflanzen, weil sie sonst verfaulen könnten, ehe sie anfangen zu keimen.

Pflege

Bohnen brauchen in der Wachstumsphase kaum Pflege. Sorgen Sie nur dafür, dass Stangenbohnen an einem Spalier hochwachsen können. Wässern Sie die sich entwickelnden Pflanzen gut und kontrollieren Sie sie auf Insektenschäden.

Ernte und Lagerung

Knipsen Sie erntereife, je nach Sorte etwa 10 cm lange Bohnen ab. Die Hülsen sollten beim Biegen leicht brechen, aber die Samen sollten noch nicht so groß sein, dass sie die Hülsen ausbeulen. Perfekte Hülsen haben außen noch einen schönen Glanz. Stangenbohnen sollten Sie regelmäßig ernten, weil dies der Pflanze signalisiert, weiterzuproduzieren. Die frisch geernteten Bohnen lagern Sie am besten im Kühlschrank.

Häufige Probleme

Insektenbefall stellt für grüne Bohnen die größte Gefahr dar. Pflanzen Sie sie, sobald die Bodentemperatur es erlaubt, denn so haben sie einen Anfangsvorteil. Ausgewachsene Bohnenpflanzen halten Insektenschäden nämlich besser stand als junge. Entfernen Sie Käfer und andere Insekten mit der Hand. Bei starkem Befall wählen Sie ein biologisches Mittel wie Kaolin oder Neemöl.

Gurken

SEHR EINFACH UND SCHNELL, FÜR KÜBEL UND HOCHBEETE GEEIGNET, VERTIKALER WUCHS

Familie: Cucurbitaceae (Kürbisgewächse)

Anbauzone: keine Angabe

Vegetationszeit: warmes Wetter

Abstand: 22 cm

Anzucht im Haus oder Direktsaat: Direktsaat

Innenaussaat: keine Angabe

Früheste Anpflanzung im Freien: nach dem letzten Frost

Bodentemperatur: 15–35 °C

Herbstpflanzung: 12+ Wochen vor dem durchschnittlich ersten Frost

Sonnenbedarf: 8+ Stunden täglich

Wasserbedarf: hoch

Erntekategorie: ganzjährig

Für Anfänger empfohlene Sorten: Marketmore 76, Parisian Pickling, Bush Pickle

Tipp: Unregelmäßiges Gießen kann Gurken ein bitteres Aroma verleihen. Dann schneiden Sie das Blütenende der Gurke ab und reiben die zwei Stücke aneinander, bis sich ein Schaum bildet. Waschen Sie den Schaum ab und schälen Sie dann die Gurke – ein Großteil der Bitterstoffe befindet sich jetzt in der Schale. Sorgen Sie dafür, dass die Gurkenpflanze jetzt kontinuierlich gewässert wird, damit keine Gurken mehr bitter werden.

Steckbrief

Dieses vielseitige Sommergemüse ist in vielen Gärten anzutreffen. Die meisten Sorten klettern an einem vertikalen Spalier empor, wodurch sie exzellente

Kandidaten für Mischkulturen sind. Einige andere buschige Sorten haben einen kompakten Wuchs und eignen sich für Kübel. Wenn Sie Essiggurken machen wollen, wählen Sie Einlegegurken, deren Schale den Essigsud leichter aufnimmt. Für den direkten Verzehr eignen sich Burpless-Salatgurken.

Anbau

Da sich Gurken nicht leicht umpflanzen lassen, säen Sie sie direkt aus, sobald der Boden warm genug ist. Halten Sie die Erde feucht, aber nicht zu nass, denn in durchnässter Erde können die Samen faulen. Setzen Sie die Samen im Abstand von 7,5 cm etwa 2,5 cm tief ein, und dünnen Sie die Keimlinge später aus, bis ein Abstand von 15–23 cm (kletternde Sorten) bzw. 30 cm (buschige Sorten) erreicht ist. Die Erde sollte reichlich organisches Material wie Kompost enthalten.

Pflege

Wässern Sie Gurken in der Wachstumsphase gleichmäßig, insbesondere, wenn sie blühen. Verwenden Sie ein Tropfsystem oder einen Sickerschlauch, um weit verbreitete Krankheiten wie den Echten oder Falschen Mehltau zu verhindern. Kletternde Varianten müssen Sie an ihrem Spalier befestigen, indem Sie die Triebe durch die Streben ziehen. Da die Ranken sich sowohl an vertikale als auch an horizontale Stützen klammern, wäre eine Maschendraht- oder Flechtstruktur ideal.

Ernte und Lagerung

Essiggurken ernten Sie bei einer Länge von 7,5–10 cm, Salatgurken bei 15–20 cm. Wenn die Exemplare zu groß werden, sollten sie dennoch abgeschnitten werden, weil die Pflanze sonst langsamer produziert. Lagern Sie die Gurken im Kühlschrank, und legen Sie Essiggurken möglichst sofort ein.

Häufige Probleme

Echter und Falscher Mehltau hemmen das Wachstum der Gurkenpflanze und töten sie schließlich ab. Besprühen Sie die Blätter bei den ersten Anzeichen auf Mehltau mit einer Backsoda-Mischung (siehe Seite 87). Wenn die Pflanze ganz plötzlich zu welken beginnt, kann eine bakterielle Welke vorliegen, die von Gurkenkäfern übertragen wird. Befallene Pflanzen müssen Sie entsorgen; sie können nicht mehr gerettet werden.

Mais

FÜR HOCHBEETE GEEIGNET, VERTIKALER WUCHS

Familie: Poaceae (Süßgräser)

Anbauzone: keine Angabe

Vegetationszeit: warmes Wetter

Abstand: 30 cm

Anzucht im Haus oder Direktsaat: Direktsaat

Innenaussaat: keine Angabe

Früheste Anpflanzung im Freien: nach dem letzten Frost

Bodentemperatur: 15–35 °C

Herbstpflanzung: 14 Wochen vor dem durchschnittlich ersten Frost

Sonnenbedarf: 8+ Stunden täglich

Wasserbedarf: hoch

Erntekategorie: eine Ernte

Für Anfänger empfohlene Sorten: Golden Bantam, Peaches and Cream, Silver Queen, True Sweet Gold

Wissenswert: Der Legende nach legten die amerikanischen Ureinwohner einen Fisch ins Pflanzloch, ehe sie Mais hineinsetzten. Angesichts des hohen Stickstoffbedarfs von Mais hat das durchaus eine gewisse Berechtigung. Rund um den Mais bauten sie Stangenbohnen und Kürbisse an – diese »Drei-Schwestern«-Methode genannte Mischkultur wird auch heute noch angewandt.

Steckbrief

Nichts ist besser als der Biss in einen frisch gepflückten Maiskolben im Hochsommer. Wenn Sie genügend Mais anpflanzen, damit für die nötige Bestäubung gesorgt ist, und den Stickstoff- und Wasserbedarf der Pflanzen decken, können Sie eine der besten sommerlichen Leckereien genießen.

Anbau

Setzen Sie alle 7,5 cm Maissamen in 2,5 cm Tiefe, und dünnen Sie die Keimlinge auf einen Abstand von 30 cm aus. Die Erde sollte mit Kompost oder einem anderen stickstoffreichen Zusatz wie beispielsweise kompostiertem Dung angereichert sein. Da Mais eine windbestäubte Pflanze ist und jedes Maiskorn ein Pollenkorn benötigt, sollten Sie mindestens 4 Reihen mit je 4 Pflanzen anbauen – je mehr, desto besser.

Pflege

Installieren Sie in den Reihen eine Tropfbewässerung, um sicherzustellen, dass der Mais in der Vegetationsperiode ausreichend Wasser bekommt. Abgesehen von Wasser braucht Mais nicht viel Pflege. Bei kleineren Anpflanzungen, wo mangelnde Bestäubung ein Problem darstellen könnte, schütteln Sie die Maishalme, wenn an den Kolben seidige Stränge zu sehen sind. Der Pollen von den Quasten an der Spitze der Pflanze wird dann weggeweht und fällt auf diese »Seide«.

Ernte und Lagerung

Wenn die »Seide« an den Maiskolben braun und vollständig ausgetrocknet ist und bei der leichtesten Berührung abfällt, ist der Mais erntereif. Um es zu überprüfen, streifen Sie einen Teil der Hülle eines Maiskolbens ab, bis Sie ein paar Zentimeter unterhalb der Spitze die prallen Körner sehen. Stechen Sie mit einem Fingernagel in ein Korn – wenn die Flüssigkeit darin milchig weiß ist, ist der Mais reif; ist sie noch klar, braucht er noch ein paar Tage. Falls gar keine Flüssigkeit herauskommt, ist es leider zu spät. Reißen Sie die reifen Kolben mit einer schnellen Drehbewegung ab. Servieren Sie den Mais so bald wie möglich, weil bis zu 50 Prozent der Zucker sich in den ersten 24 Stunden nach der Ernte in Stärke umwandeln.

Häufige Probleme

Die Raupe der Baumwoll-Kapseleule gräbt sich unbemerkt in die Spitzen der sich entwickelnden Kolben. Schneiden Sie nach der Ernte den beschädigten Teil ab und entfernen Sie die Raupe; der Rest des Maiskolbens ist zum Verzehr geeignet. Einige Gärtner schützen ihren Mais erfolgreich vor diesen Raupen, indem sie 5 Tage nach dem Erscheinen der »Seide« diese mit Mineralöl bestreichen.

Melonen

FÜR KÜBEL UND HOCHBEETE GEEIGNET, VERTIKALER WUCHS

Familie: Cucurbitaceae (Kürbisgewächse)

Anbauzone: keine Angabe

Vegetationszeit: warmes Wetter

Abstand: 45 cm bei vertikalem Anbau; ansonsten 5–7,5 cm

Anzucht im Haus oder Direktsaat: Direktsaat

Innenaussaat: keine Angabe

Früheste Anpflanzung im Freien: nach dem letzten Frost

Bodentemperatur: 20–35 °C

Herbstpflanzung: keine Angabe

Sonnenbedarf: 8+ Stunden täglich

Wasserbedarf: hoch

Erntekategorie: ganzjährig

Für Anfänger empfohlene Sorten:
Wassermelone: Crimson Sweet, Sugar Baby, Charleston Grey, Georgia Rattlesnake.
Cantaloupe: Infinite Gold, Hale's Best.
Honigmelone: Emerald Gem, Galia.

Wissenswert: Wassermelonen enthalten mehr Lycopen als Tomaten. Da Lycopen nachweislich das Risiko für bestimmte Krebsarten und Herzinfarkte senkt, sind Wassermelonen nicht nur eine köstliche, sondern auch eine gesunde Erfrischung im Sommer.

Steckbrief

Da sie an ausladenden Ranken wachsen, brauchen Melonen viel Platz. Wenn Sie den nicht haben, bauen Sie Sorten mit kleinen Früchten in Hochbeeten oder Kübeln an und lassen sie an einem Spalier hochwachsen. Säen Sie sie so früh wie möglich im Frühjahr aus, weil Melonen in einer langen, warmen Wachstumssaison am besten gedeihen.

Anbau

Setzen Sie die Samen 2,5 cm tief und im Abstand von 15 cm ein und dünnen Sie später die Keimlinge auf den empfohlenen Abstand aus. Säen Sie Melonen nicht in kühlen, nassen Boden, weil sie darin nicht keimen. Versorgen Sie den Pflanzbereich mit Kompost, und mulchen Sie, um die Feuchtigkeit zu erhalten.

Pflege

Halten Sie die Melonen mit einem Tropfsystem die gesamte Saison hindurch feucht. Wenn Sie die Melonen vertikal anbauen, befestigen Sie sie immer wieder am Spalier, und die Früchte unterstützen Sie mit Hängematten aus alten T-Shirts. Nachdem sich an einem Trieb drei bis fünf Früchte ausgebildet haben, schneiden Sie die Spitze des Triebs ab, damit die bereits vorhandenen Früchte richtig reifen können und keine weiteren produziert werden.

Ernte und Lagerung

Cantaloupe- und Honigmelonen verändern die Farbe und sind mit einem Ruck vom Trieb zu lösen. Die Schale der Wassermelone, anfangs glänzend, wird mit zunehmender Reife immer matter. Suchen Sie nach einer Ranke in unmittelbarer Nähe einer Wassermelone. Wenn diese Ranke vollständig braun geworden ist, stellen Sie die Bewässerung ab und warten etwa 1 Woche, ehe Sie die Melone ernten. Am besten legen Sie die Ernte in eine trockene Periode, weil sich dann der Zucker in der Frucht konzentriert.

Häufige Probleme

Zu wenig Bestäubung kann zu deformierten Melonen führen. Manchmal haben Bienen einfach Ihre Melonenblüten noch nicht entdeckt; geben Sie ihnen Zeit. Wenn dieses Problem jedoch anhält, könnten Sie per Hand bestäuben (siehe Seite 88). Entfernen Sie deformierte Früchte, um der Pflanze zu signalisieren, dass sie keine weiteren produzieren muss. Auch die Blütenendfäule kommt bei Melonen vor. Um ihr entgegenzuwirken, sollten Sie den Boden konstant feucht halten.

Okraschoten

FÜR HOCHBEETE GEEIGNET

Familie: Malvaceae (Malvengewächse)

Anbauzone: keine Angabe

Vegetationszeit: warmes Wetter

Abstand: 30–60 cm

Anzucht im Haus oder Direktsaat: Direktsaat (außer in kühlen Klimazonen)

Innenaussaat: 4 Wochen vor dem Umpflanzen (2 Wochen vor dem letzten Frost)

Früheste Anpflanzung im Freien: 2–4 Wochen nach dem letzten Frost

Bodentemperatur: 21–35 °C

Herbstpflanzung: keine Angabe

Sonnenbedarf: 8+ Stunden täglich

Wasserbedarf: niedrig

Erntekategorie: ganzjährig

Für Anfänger empfohlene Sorten: Clemson Spineless, Red Burgundy, Super Bhindi, Cajun Delight

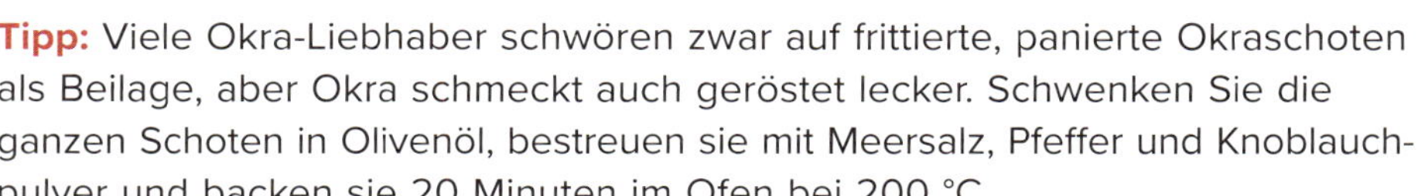

Tipp: Viele Okra-Liebhaber schwören zwar auf frittierte, panierte Okraschoten als Beilage, aber Okra schmeckt auch geröstet lecker. Schwenken Sie die ganzen Schoten in Olivenöl, bestreuen sie mit Meersalz, Pfeffer und Knoblauchpulver und backen sie 20 Minuten im Ofen bei 200 °C.

Steckbrief

Die Okra stammt ursprünglich aus Afrika. Obwohl diese prächtige Pflanze mit ihren wunderschönen Blüten eigentlich die langen, heißen Sommer in südlichen Gefilden liebt, können Sie sie mit ein paar Maßnahmen auch weiter nördlich anbauen.

Anbau

Am besten säen Sie Okrasamen direkt im Garten aus. Um die Keimung zu beschleunigen, weichen Sie die Samen vorher über Nacht ein und pflanzen Sie sie dann in warmen Boden. Okraschoten können in zum Boden hin offenen Hochbeeten angebaut werden. Ihre langen Pfahlwurzeln müssen sich nach unten ausdehnen dürfen. (Kompakte Sorten können Sie auch in 60 cm hohen Kübeln anpflanzen.) Setzen Sie die Samen gut 1 cm tief und in einem Abstand von 15 cm. Später dünnen Sie die Keimlinge auf einen Abstand von 30–60 cm aus. Wenn Sie die Samen frühzeitig im Haus vorziehen wollen, setzen Sie sie in ein tiefes Gefäß, in der die sich entwickelnde Pfahlwurzel genügend Platz hat.

Pflege

Okras wachsen im Frühsommer langsam, beschleunigen ihr Wachstum aber, wenn es tagsüber 26 °C oder noch wärmer wird. Sind sie einmal etabliert, sind Okraschoten Selbstversorger. Sie vertragen Trockenheit, mögen es aber auch, wenn sie einmal die Woche gegossen werden.

Ernte und Lagerung

Schneiden Sie die Okraschoten mit einer Gartenschere ab, wenn sie 10–13 cm lang sind (einige Sorten müssen noch kürzer abgeschnitten werden). Wachsen sie noch länger, werden sie hart und holzig (und ungenießbar). In der Hochsaison sollten Sie mindestens einmal, manchmal auch zweimal täglich ernten. Lagern Sie die Schoten im Kühlschrank. Wenn Sie einmal einen Tag mit der Ernte aussetzen und die Okraschoten zu groß werden, entfernen Sie sie und werfen sie auf den Komposthaufen; ansonsten würde die Pflanze die Produktion herunterfahren.

Häufige Probleme

Okraschoten werden selten von Schädlingen oder Krankheiten befallen. Während andere Pflanzen unter Hitze leiden, gedeihen sie prächtig. Häufig kommt es jedoch vor, dass die menschliche Haut empfindlich auf Okrablätter reagiert. Deshalb sollte man beim Ernten immer Handschuhe tragen.

Paprikaschoten

SEHR EINFACH, FÜR KÜBEL UND HOCHBEETE GEEIGNET

Familie: Solanaceae (Nachtschattengewächse)

Anbauzone: keine Angabe

Vegetationszeit: warmes Wetter

Abstand: 45 cm

Anzucht im Haus oder Direktsaat: Anzucht im Haus oder Setzlinge

Innenaussaat: 8 Wochen vor dem Umpflanzen (6 Wochen vor dem letzten Frost)

Früheste Anpflanzung im Freien: 2 Wochen vor dem durchschnittlich letzten Frost

Bodentemperatur: 18–35 °C

Herbstpflanzung: keine Angabe

Sonnenbedarf: 8+ Stunden täglich

Wasserbedarf: hoch

Erntekategorie: ganzjährige Ernte

Für Anfänger empfohlene Sorten: California Wonder, Emerald Giant, Jalapeño, Poblano, Anaheim, Cayenne

Tipp: Wenn Sie mehr Paprikaschoten ernten, als Sie frisch verbrauchen können, schneiden oder hacken Sie sie klein, verteilen sie in einer Schicht auf einem Backblech mit hohem Rand und frieren sie ein. Die tiefgekühlten Paprikastückchen können Sie dann in wiederverschließbare Gefrierbeutel füllen und im Tiefkühlfach lagern, um sie das ganze Jahr über zur Verfügung zu haben.

Steckbrief

Paprikaschoten sind ein typisches Sommergemüse und werden in sehr vielen Gärten angebaut. Egal, ob Sie normale Paprika- oder Chilischoten oder Peperoni oder eine Kombination aus mehreren Varianten pflanzen wollen: Wenn sie warmes Wetter, viel Wasser und einen nährstoffreichen Boden bekommen, tragen sie bis zum ersten Frost Früchte. Paprika sind mehrjährig, und wenn es keinen Frost gibt, können Sie die Schoten das ganze Jahr über genießen.

Anbau

Züchten Sie die Samen im Haus an, auf einer Wärmematte, dem Wäschetrockner oder Kühlschrank. Es kann ein paar Wochen dauern, bis sie keimen. Wenn die Pflanzen größer werden, topfen Sie sie in ein größeres Gefäß um, aber pflanzen Sie sie nicht zu früh in den Garten. Warten Sie, bis es nachts dauerhaft über 10 °C ist. Paprika gedeihen am besten in Hochbeeten und Kübeln, weil sich dort die Erde schneller erwärmt.

Pflege

Junge Paprikapflanzen mögen es, wenn der Boden bis zur Blüte alle paar Wochen mit Fischemulsion angereichert wird. Danach gehen Sie zu phosphorreichem Dünger wie beispielsweise flüssigem Algenextrakt über. Stützen Sie die Pflanzen, indem Sie den Hauptstiel an einen Holzstab binden, oder verwenden Sie einen Tomatenkäfig. Paprika lieben volle Sonne, nur in südlichen Regionen mit drückend heißen Sommern profitieren sie von nachmittäglichem Schatten.

Ernte und Lagerung

Paprikaschoten können grün geerntet oder an der Pflanze belassen werden, bis sie ihre reife Farbe annehmen (normalerweise rot, es gibt aber auch gelbe, violette und braune Sorten). Die ergiebigste Ernte bekommen Sie, wenn Sie grünen Paprika recht früh abnehmen, weil das der Pflanze signalisiert, weiterzublühen und Früchte auszubilden. Gegen Mitte der Saison sollten Sie beginnen, die Schoten bis zu ihrer vollen Reife an der Pflanze hängen zu lassen. Wenn die Tage kürzer werden, beschleunigt sich der Reifungsprozess. Lagern Sie den geernteten Paprika im Kühlschrank.

Häufige Probleme

Dunkle, faulige Flecken auf Paprikaschoten gehen entweder auf die Blütenendfäule oder auf Insektenbefall zurück. Im Fall von Blütenendfäule stellen Sie sicher, dass die Pflanzen gleichmäßig bewässert und gemulcht werden. Der Rest der Früchte ist genießbar; schneiden Sie einfach die Flecken weg. Weiße Flecken auf den Früchten deuten auf Sonnenbrand hin, das heißt, die Schoten bekommen zu viel Sonne ab. Sorgen Sie nachmittags für Schatten, bis die größte Hitze vorüber ist.

Sommerkürbisse und Zucchini

SCHNELL, FÜR KÜBEL UND HOCHBEETE GEEIGNET

Familie: Cucurbitaceae (Kürbisgewächse)

Anbauzone: keine Angabe

Vegetationszeit: warmes Wetter

Abstand: 60–90 cm

Anzucht im Haus oder Direktsaat: Direktsaat

Innenaussaat: keine Angabe

Früheste Anpflanzung im Freien: nach dem letzten Frost

Bodentemperatur: 21–35 °C

Herbstpflanzung: 12 Wochen vor dem durchschnittlich ersten Frost

Sonnenbedarf: 8+ Stunden täglich

Wasserbedarf: hoch

Erntekategorie: ganzjährige Ernte

Für Anfänger empfohlene Sorten: Yellow Crookneck, Black Beauty, White Scallop

Tipp: Wenn *Melittia-cucurbitae*-Raupen Ihre Sommerkürbisse vernichtet haben, säen Sie im Spätsommer noch einmal aus. In vielen Regionen gibt es in dieser Zeit keine *Melittia-cucurbitae*-Raupen, und die Pflanzen bringen im Herbst eine reiche Ernte ein.

Steckbrief

Viele Gärtner erleben Sommerkürbisse und Zucchini als »Alles-oder-nichts-Gemüse«. In manchen Jahren stellen wir unseren Nachbarn körbeweise Kürbisse vor die Tür, in anderen Jahren ernten wir mit Glück eine Handvoll. *Melittia-cucurbitae*-Raupen, Lederwanzen, Echter und Falscher Mehltau und mangelhafte Bestäubung können frustrieren, aber weil Kürbisse schnell wachsen, sind normalerweise mehrere Anpflanzungen im Jahr möglich, falls diese Probleme auftauchen.

Anbau

Säen Sie die Samen direkt aus, sobald der Boden im Frühjahr warm genug ist und kein Frost mehr droht. Setzen Sie alle 7,5–15 cm einen Samen 2,5 cm tief ein, und dünnen Sie später auf einen Abstand von 0,60–1,2 m aus. Setzen Sie diese Pflanzen nicht zu dicht aneinander, damit sie nicht um Nährstoffe und Wasser konkurrieren müssen. Geben Sie ihnen von Anfang an viel Platz und organisches Material wie etwa Kompost.

Pflege

Halten Sie die Pflanzen immer gut feucht, insbesondere, wenn sie blühen und Früchte tragen. Schneiden Sie in der Wachstumsphase vergilbte, abgestorbene Triebe ab, um die Zirkulation zu fördern und Krankheiten einzudämmen. Achten Sie auf frühe Anzeichen von Schädlingen und Krankheiten.

Ernte und Lagerung

Sobald Sie Babykürbisse oder -zucchini sehen, wissen Sie, dass Sie sie in wenigen Tagen ernten können, weil die Früchte sehr schnell wachsen. Schneiden Sie sie dazu am Stiel ab, um die Pflanze nicht zu verletzen. Wenn Sie sie frisch verzehren wollen, ernten Sie sie noch klein, weil Geschmack und Konsistenz dann am besten sind. Größere Kürbisse oder Zucchini, die länger gereift sind, können Sie in Broten verarbeiten.

Häufige Probleme

Wenn Sie feststellen, dass keine Früchte wachsen, sind die Pflanzen sehr wahrscheinlich nie bestäubt worden. Wenn es keine natürlichen Bestäuber gibt, sollten Sie sie per Hand bestäuben (siehe Seite 88). In der Regel müssen Sie das nur kurze Zeit machen, bis die natürlichen Bestäuber kommen.

Süßkartoffeln

FÜR KÜBEL UND HOCHBEETE GEEIGNET

Familie: Convolvulaceae (Windengewächse)

Anbauzone: keine Angabe

Vegetationszeit: warmes Wetter

Abstand: 30–45 cm

Anzucht im Haus oder Direktsaat: Direktsaat von vorgezogenen Stecklingen

Innenaussaat: keine Angabe

Früheste Anpflanzung im Freien: 2 Wochen nach dem letzten Frost

Bodentemperatur: ab 18 °C

Herbstpflanzung: keine Angabe

Sonnenbedarf: 8+ Stunden täglich

Wasserbedarf: hoch

Erntekategorie: eine Ernte

Für Anfänger empfohlene Sorten: Beauregard, Georgia Jet, Centennial

Wissenswert: Für viele sind Süßkartoffeln ein Superfood, weil sie reich an Antioxidantien, Ballaststoffen, Betakarotin, Vitamin A und C und Kalium sind. Entgegen der landläufigen Meinung sind Süßkartoffeln und Yams übrigens völlig unterschiedliche Pflanzen.

Steckbrief

Süßkartoffeln brauchen eine lange, heiße Vegetationsperiode. Wenn Sie in einer Region mit kürzerer Vegetationszeit leben, wählen Sie eine Art, die schneller reift. Zudem brauchen sie viel Platz, um sich ausdehnen zu können, aber dafür können Sie einfach sorgen, indem Sie die Triebe über den Kübel- oder Hochbeetrand hinauswachsen lassen. Egal, worin Sie sie anbauen: Sorgen Sie für gute Bewässerung und durchlässigen Boden.

Anbau

Kaufen Sie im Gartencenter oder bei einem verlässlichen Onlinehandel zertifizierte Jungpflanzen, die garantiert keine Krankheiten haben. Setzen Sie sie bei dauerhaft warmem Wetter (26 °C sind ideal) im Abstand von 30–45 cm in die Erde. Wenn später Frost droht, decken Sie die jungen Pflanzen ab.

Pflege

Bewässern Sie sie regelmäßig, verwenden Sie aber keinen Stickstoffdünger. Süßkartoffeln gedeihen am besten in leicht saurer, sandiger Lehmerde mit reichlich Phosphor und Kalium. Phosphorit und Grünsand eignen sich gut als Anreicherung für Süßkartoffelbeete.

Ernte und Lagerung

Graben Sie die Süßkartoffeln vor dem ersten zu erwartenden Frost aus – oder dann, wenn die Pflanze sich gelb verfärbt. Gehen Sie dabei behutsam vor, denn das Wurzelgemüse kann sich auch 1 m von der Hauptpflanze entfernt befinden. Da junge Süßkartoffeln sehr empfindlich sind, ist Vorsicht angesagt. Legen Sie sie für 7–10 Tage ungewaschen an einen heißen Platz (29–35 °C) mit hoher Luftfeuchtigkeit, ehe Sie sie bei 10–15 °C einlagern. Beschädigte Exemplare sollten Sie nach der Wärmebehandlung sofort verarbeiten.

Häufige Probleme

In Erde, in der das Wasser nicht gut abfließen kann, faulen Süßkartoffeln schnell. Wählen Sie den Standort also mit Bedacht, und wenn Sie eine kleinere Anpflanzung planen, entscheiden Sie sich am besten für Hochbeete oder Kübel, um eine gute Drainage sicherzustellen.

Tomaten

SEHR EINFACH, SCHNELL, FÜR KÜBEL UND HOCHBEETE GEEIGNET, VERTIKALER WUCHS

Familie: Solanaceae (Nachtschattengewächse)

Anbauzone: keine Angabe

Vegetationszeit: warmes Wetter

Abstand: 60–90 cm

Anzucht im Haus oder Direktsaat: Anzucht im Haus oder Setzlinge

Innenaussaat: 6 Wochen vor dem durchschnittlich letzten Frost

Früheste Anpflanzung im Freien: nach dem letzten Frost

Bodentemperatur: 15–30 °C

Herbstpflanzung: keine Angabe

Sonnenbedarf: 6+ Stunden täglich

Wasserbedarf: mittel

Erntekategorie: schnelle Ernte (determinante Sorten); ganzjährig (indeterminante Sorten)

Für Anfänger empfohlene Sorten: Roma, Sungold, Better Boy, Juliet

Tipp: Die Dürrfleckenkrankheit ist das häufigste Problem für Tomaten, insbesondere in regenreichen Zeiten. Mulchen Sie den Boden gut, und entfernen Sie betroffene vergilbte Triebe sofort, damit sich die Krankheit nicht weiter ausbreiten kann.

Steckbrief

Tomaten sind das am häufigsten angebaute Gemüse in Privatgärten, und es gibt sie in allen möglichen Größen, Geschmacksrichtungen und Wuchsformen. Kleinere Varianten wie Kirschtomaten sind für Anfänger am besten geeignet, aber bei der richtigen Pflege schmücken auch die größeren Salattomaten die Teller vieler Gartenneulinge. **Determinante Tomatenpflanzen** wachsen bis zu einer bestimmten Höhe (meist 1–1,5 m) und tragen alle Früchte in einem Zeitfenster von 2–4 Wochen. Danach haben sie nur noch wenige bis gar keine Früchte. Eine weit verbreitete determinante Sorte ist die Roma-Tomate. **Indeterminante Tomatenpflanzen** hingegen wachsen ständig weiter und tragen Früchte, bis Frost oder eine Krankheit sie absterben lässt. Die meisten Tomaten, darunter die beliebten Sorten für Salate, sind indeterminant.

Anbau

Tomaten wachsen am besten, wenn sie erst dann gepflanzt werden, wenn nachts die Temperatur über 10 °C steigt. Deshalb müssen Sie sie entweder im Haus vorziehen oder Setzlinge kaufen. Beim Einpflanzen von Setzlingen graben Sie den Stängel so tief ein, dass die obersten Blätter nur wenige Zentimeter über dem Boden hängen. (Tomatenpflanzen bilden entlang jedes eingegrabenen Stängels Wurzeln.) Stellen Sie bereits beim Einpflanzen Rankspaliere oder -käfige auf.

Pflege

Bewässern Sie die Pflanzen auf Bodenhöhe, damit keine in der Erde befindlichen Keime auf die Pflanzen gespült werden. Tropfbewässerung oder Sickerschläuche sorgen für konstante Wasserzufuhr und beugen so gegen die Blütenendfäule vor. Wenn die Pflanzen größer werden, winden Sie die Triebe um die Spalierstreben oder binden sie an einen Stab.

Ernte und Lagerung

Ernten Sie Tomaten, sobald sie sich an der Basis rot färben; dadurch verhindern Sie Schäden durch Fruchtwickler und Stinkwanzen. Bewahren Sie sie dann auf der Küchentheke auf, damit sie vollständig reifen können.

Häufiges Problem

Wenn Sie bemerken, dass an der Tomatenpflanze plötzlich Blätter fehlen, suchen Sie nach einer 7,5–10 cm grünen Raupe mit einem Horn am hinteren Ende. Tomatenschwärmer sind erstaunlich schwer zu entdecken. Bei schwerem Befall, wenn das Entfernen per Hand sie nicht in Schach hält, behandeln Sie die Pflanze alle 7 Tage mit *Bacillus thuringiensis.*

Winterkürbisse

FÜR KÜBEL UND HOCHBEETE GEEIGNET, VERTIKALER WUCHS

Familie: Cucurbitaceae (Kürbisgewächse)

Anbauzone: keine Angabe

Vegetationszeit: warmes Wetter

Abstand: 60 cm bei vertikalem Anbau; ansonsten 120–180 cm

Anzucht im Haus oder Direktsaat: Direktsaat

Innenaussaat: keine Angabe

Früheste Anpflanzung im Freien: nach dem letzten Frost

Bodentemperatur: 20–32 °C

Herbstpflanzung: keine Angabe

Sonnenbedarf: 8+ Stunden täglich

Wasserbedarf: hoch

Erntekategorie: variiert je nach Sorte, meistens schnelle Ernte

Für Anfänger empfohlene Sorten: Buttercup, Early Butternut, Butternut Waltham, Vegetable Spaghetti, Connecticut Field (Riesenkürbis), Seminole (Moschuskürbis)

Tipp: Wenn Sie Kürbisse für Kuchen und Brote verwenden wollen, wählen Sie eine Sorte mit der Bezeichnung »Speisekürbis«. Große Kürbisse zum Aushöhlen und Schnitzen sind zum Backen nicht ideal.

Steckbrief

Im Gegensatz zu seinem Namen wächst der Winterkürbis (und auch der Riesenkürbis, der seinen Auftritt gern Halloween hat) im Sommer. Im Herbst wird er reif, und weil er lange gelagert werden kann, wird er für gewöhnlich im Winter verzehrt, daher die Bezeichnung.

Anbau

Winter- und Riesenkürbisse haben eine lange Wachstumsphase, und fruchtbare Erde mit reichlich organischem Material ist dafür essenziell. Die Samen säen Sie am besten direkt in warmen Boden. In kälteren Klimazonen kann es hilfreich sein, sie im Haus vorzuziehen – dann sollten Sie die Erde zuvor mit schwarzer Plastikfolie abdecken, um sie aufzuwärmen. Auch im wärmeren Boden von Hochbeeten und Kübeln können Sie Winter- und Riesenkürbisse anbauen. Setzen Sie die Samen im Abstand von 15 cm ein und dünnen die Keimlinge dann auf einen Abstand von 60 cm (bei kompakten oder kletternden Sorten) beziehungsweise auf 120–180 cm aus.

Pflege

Kontinuierliches Wässern ist der Schlüssel, damit sich Kürbisse gut entwickeln können. Wenn Sie sie an einem Spalier hochziehen, befestigen Sie die Ranken immer wieder an der vertikalen Stütze. Betten Sie die wachsenden Kürbisse in Hängematten aus T-Shirts. Größere Sorten sollten jedoch nicht vertikal angebaut werden, weil sie zu schwer werden.

Ernte und Lagerung

Ernten Sie Winter- und Riesenkürbisse vor dem ersten Frost. Achten Sie darauf, dass die Schale sich matt verfärbt und der Stiel holzig wird. Und versuchen Sie, die Schale mit dem Fingernagel einzuritzen. Wenn keine Kerbe zurückbleibt, ist der Kürbis reif. Schneiden Sie ihn ab, lassen Sie aber einen 5 cm langen Stiel daran. Geben Sie die Kürbisse ein paar Tage an einen sehr warmen Platz (29–32 °C), ehe Sie sie bei 10–15 °C einlagern.

Häufige Probleme

Melittia-cucurbitae-Raupen befallen häufig Riesen- und Winterkürbisse. Wenn die Blätter über Nacht verwelken, sollten Sie die Basis der Pflanze nach sägemehlartigen Exkrementen untersuchen. Schlitzen Sie den Stiel mit einem Messer auf und suchen nach einer weißen Raupe (manchmal sind da auch mehrere). Entfernen Sie die Raupen und vergraben Sie den aufgeschlitzten Stiel, damit er neue Wurzeln entwickeln kann. Und wässern Sie ihn gut.

KAPITEL 8

Lauchgewächse und Kräuter

Basilikum
Knoblauch
Koriander
Minze
Petersilie
Rosmarin
Salbei
Thymian
Zwiebeln

Basilikum

SEHR LEICHT UND SCHNELL, FÜR KÜBEL UND HOCHBEETE GEEIGNET

Familie: Lamiaceae (Lippenblütler)

Anbauzone: keine Angabe

Vegetationszeit: warmes Wetter

Abstand: 30 cm

Anzucht im Haus oder Direktsaat: beides oder Setzlinge

Innenaussaat: 4 Wochen vor dem durchschnittlich letzten Frost

Früheste Anpflanzung im Freien: nach dem durchschnittlich ersten Frost

Bodentemperatur: 15–32 °C

Herbstpflanzung: keine Angabe

Sonnenbedarf: 6+ Stunden täglich

Wasserbedarf: mittel

Erntekategorie: ganzjährige Ernte

Für Anfänger empfohlene Sorten: Thai-Basilikum, Zimtbasilikum, Genoveser

Tipp: Aus überschüssigem Basilikum können Sie Pesto machen. Dazu pürieren Sie in der Küchenmaschine oder im Mixer 20–30 Basilikumblättchen, 60 ml Olivenöl, 2 Knoblauchzehen, ½ Teelöffel Salz, ¼ Teelöffel Pfeffer, 1 Esslöffel Pinienkerne und 2 Esslöffel Parmesan zu einer Paste. Geben Sie das Pesto frisch über Capellini (extrem dünne Spaghetti), oder machen Sie gleich eine größere Menge und frieren es ein.

Steckbrief

Basilikum mit seinen duftenden, schmackhaften Blättchen ist vermutlich das populärste Küchenkraut für den Eigenanbau. Kein Küchengarten sollte ohne diese sommerliche Köstlichkeit auskommen, die entweder frisch in italienischen Gerichten oder auch als Pesto schmeckt.

Anbau

Basilikum gedeiht bei warmem Wetter. Bei Frost stirbt es ab, und schon bei Temperaturen unter 10 °C erleidet es Schaden. Deshalb sollten Sie mit dem Anpflanzen von Basilikum (ob Saatgut oder Setzlinge) unbedingt bis mindestens 1 Woche nach dem letzten Frost warten. Bei der Direktsaat streuen Sie die Samen auf den Boden und arbeiten sie mit den Fingern etwas ein. Wässern Sie sie gut, und halten Sie den Boden bis zur Keimung feucht.

Pflege

Sorgen Sie immer für feuchte, aber nicht durchnässte Erde. Um ganzjährig ernten zu können, müssen Sie die Pflanze ab einer Höhe von etwa 15 cm kontinuierlich beschneiden, damit sie buschig wächst. Schneiden Sie die Spitzen der Triebe ab, wenn die Blätter in der Mitte ein Büschel bilden. Ohne dieses Auslichten werden diese Büschel sich zu Blüten (und schlussendlich Samen) entwickeln, und die Qualität der restlichen Blättchen nimmt ab.

Ernte und Lagerung

Ernten Sie Basilikumblättchen rasch und häufig, und verwerten Sie sie sofort. Falls Sie sie lagern müssen, schneiden Sie sie samt Stängel ab und stellen sie aufrecht in ein Glas Wasser und dieses in den Kühlschrank.

Häufige Probleme

Basilikum liebt es zu blühen und schnell Samen zu bilden. Aber Bestäuber und nützliche Insekten lieben die Blüten. Machen Sie also das Beste daraus und bauen mehrere Basilikumpflanzen an – eine für die eigene Ernte, die anderen lassen Sie blühen. Wenn die Blütenrispen vertrocknen, entnehmen Sie die Samen und bewahren sie für die nächste Saison auf.

Knoblauch

SEHR EINFACH, FÜR KÜBEL UND HOCHBEETE GEEIGNET

Familie: Amaryllidaceae (Amaryllisgewächse)

Anbauzone: keine Angabe

Vegetationszeit: kühles Wetter

Abstand: 15–20 cm

Anzucht im Haus oder Direktsaat: Direktsaat

Innenaussaat: keine Angabe

Früheste Anpflanzung im Freien:
2 Wochen vor dem durchschnittlich ersten Frost

Bodentemperatur: keine Angabe

Herbstpflanzung: keine Angabe

Sonnenbedarf: 6+ Stunden täglich

Wasserbedarf: niedrig

Erntekategorie: eine Ernte

Für Anfänger empfohlene Sorten:
in wärmeren Regionen Softneck-,
in kühleren Regionen Hardneck-Knoblauch

Tipp: Es ist zwar möglich, im Laden gekaufte Knoblauchzehen einzupflanzen, ich rate aber davon ab. Erstens ist der Knoblauch nicht zertifiziert keimfrei, und Sie könnten damit Ihren Gartenboden für Jahre kontaminieren, und zweitens wissen Sie nicht, ob diese Sorte überhaupt in Ihrer Region gedeihen wird. Im Lebensmittelhandel wird zumeist Softneck-Knoblauch verkauft, der im Süden gut wächst, aber Kälte nicht so gut verträgt wie Hardneck-Knoblauch.

Steckbrief

Knoblauch ist eine der am leichtesten anzubauenden Pflanzen, die ein Hobbygärtner anbauen kann. Er wird im Herbst für die nächste Saison angepflanzt, braucht wenig Pflege und gehört zu den ersten Pflanzen, die zu Frühlingsbeginn zu wachsen beginnen. Knoblauch ist anpassungsfähig und kann in Flach- und Hochbeeten sowie in Kübeln angebaut werden.

Anbau

Kaufen Sie von einem seriösen Saatgutlieferanten zertifiziert krankheitsfreie Knoblauchknollen. Um die Zeit des ersten Frostes im Herbst teilen Sie die Knollen in einzelne Zehen und pflanzen diese mit der Spitze nach oben in 5 cm tiefe Rillen. Bedecken Sie sie mit Erde, und in kühleren Regionen geben Sie noch 2,5–5 cm Mulch obenauf. Nach dem Pflanzen gut wässern.

Pflege

Knoblauch wird sehr wahrscheinlich noch im Herbst austreiben, im Winter hört er auf zu wachsen, aber schon gegen Ende des Winters nimmt er das Wachstum wieder auf. In dieser Ruhezeit ist kein Gießen erforderlich. Im Frühjahr sollten Sie mit einer regelmäßigen leichten Bewässerung beginnen, falls es wenig regnet. Halten Sie die Anbaufläche frei von Unkraut (Mulch ist hier hilfreich).

Ernte und Lagerung

In südlichen Regionen kann man Knoblauch Mitte Mai ernten, weiter im Norden eventuell erst Ende Juli. In beiden Fällen vergilbt die untere Hälfte des Laubs und stirbt ab. Dann können Sie mit einer Pflanzschaufel die Erde rundherum lockern und die Knolle herausziehen. Legen Sie die Knoblauchknollen an einen schattigen, gut belüfteten Ort (etwa in die Garage) in einer Schicht aus, oder hängen Sie sie auf. Wenn Sie in einer Gegend mit hoher Luftfeuchtigkeit leben, stellen Sie einen Ventilator auf und lassen den Knoblauch 2–4 Wochen trocknen. Der Vorgang ist abgeschlossen, sobald die »Hälse« (Stiele) der Knollen vollständig ausgetrocknet sind. Schneiden Sie dann das trockene Laub und die Wurzeln ab und lagern den Knoblauch im Keller oder in der Vorratskammer. Die größten Knollen bewahren Sie in einer locker verschlossenen braunen Papiertüte für die nächste Anpflanzung auf.

Häufige Probleme

Knoblauch macht in der Regel kaum Probleme. Wenn es im Frühling außergewöhnlich viel regnet oder man die Zehen zu dicht gepflanzt hat, kann das dazu führen, dass die Knollen sich schlechter entwickeln. Sollten Sie in einer feuchten Region leben, pflanzen Sie Knoblauch besser in Hochbeeten und Kübeln an.

Koriander

SCHNELL, FÜR KÜBEL UND HOCHBEETE GEEIGNET

Familie: Apiaceae (Doldenblütler)

Anbauzone: keine Angabe

Vegetationszeit: kühle Wetterperiode

Abstand: 15 cm

Anzucht im Haus oder Direktsaat: Direktsaat

Innenaussaat: keine Angabe

Früheste Anpflanzung im Freien: sobald der Boden bearbeitet werden kann

Bodentemperatur: 13–20 °C

Herbstpflanzung: 4–6 Wochen vor dem durchschnittlich ersten Frost

Sonnenbedarf: 6+ Stunden täglich

Wasserbedarf: mittel

Erntekategorie: wetterabhängige Ernte

Für Anfänger empfohlene Sorten: Slow-bolt, Santo

Wissenswert: Schmeckt Koriander für Sie nach Seife? Damit sind Sie nicht allein. Ein bestimmter Prozentsatz der Bevölkerung hat eine genetische Sensitivität gegen die Aldehyde in Korianderblättern, die dafür sorgt, dass sie den Geschmack eher seifig empfinden.

Steckbrief

Entweder man liebt ihn, oder man hasst ihn, aber in Gärten darf Koriander nicht fehlen. Im Gegensatz zu den Gerichten, für die er meist verwendet wird, hasst Koriander heißes Wetter und bevorzugt die kühleren Temperaturen von Herbst, Winter und Frühling.

Anbau

Säen Sie Koriandersamen im Abstand von 5 cm direkt auf die Erde und dünnen sie später auf 15 cm Abstand aus. Koriander mag durchlässigen, mit Kompost angereicherten Boden. Wenn Sie vorhaben, ihn einzufrieren oder zu konservieren, bauen Sie mehrere Pflanzen an.

Pflege

Wenn Sie in einer heißen Klimazone leben, mulchen Sie die Pflanzen gut, und auch nachmittäglicher Schatten kann die Bodentemperatur möglichst lange niedrig halten.

Ernte und Lagerung

Ernten Sie Koriander, wenn er 15 cm hoch ist. Schießt er ins Kraut und blüht, lassen Sie ihn stehen, um später die Samen als Gewürz zu ernten.

Probleme

Da Koriander bei warmen Temperaturen schnell ins Kraut schießt, sollten Sie ihn regelmäßig ernten, solange er noch klein ist. Die Blätter schmecken immer bitterer, wenn sie fedrig werden und der Hauptstängel in die Höhe zu wachsen beginnt. Säen Sie immer wieder neue Korianderpflanzen, um die ganze Saison über ernten zu können, und lassen Sie die ins Kraut geschossenen Pflanzen blühen und Samen bilden. Die Pflanzen werfen dann die Samen ab und säen sich so kontinuierlich selbst aus. Wenn Sie Koriander im Herbst anpflanzen, haben Sie vermutlich ein größeres Zeitfenster für die Ernte.

Minze

SEHR LEICHT UND SCHNELL, FÜR KÜBEL GEEIGNET

Familie: Lamiaceae (Lippenblütler)

Anbauzone: keine Angabe

Vegetationszeit:
mehrjährig ab Zone 3 (bestimmte Sorten)

Abstand: 30–45 cm

Anzucht im Haus oder Direktsaat:
Setzlinge

Innenaussaat: keine Angabe

Früheste Anpflanzung im Freien:
Frühlingsanfang

Bodentemperatur: keine Angabe

Herbstpflanzung: keine Angabe

Sonnenbedarf: 6+ Stunden täglich

Wasserbedarf: hoch

Erntekategorie: ganzjährige Ernte

Für Anfänger empfohlene Sorten:
Pfefferminze, Grüne Minze, Schokoladenminze, Zitronenmelisse

Wissenswert: Die Pfefferminze ist für ihre beruhigende Wirkung auf den Magen-Darm-Bereich bekannt. Lassen Sie frische Blätter 10 Minuten in heißem Wasser ziehen und süßen Sie den Tee nach Belieben mit Honig. (Nicht zu empfehlen für kleine Kinder.)

Steckbrief

Alle Minzen machen sich im Garten sehr schön. Pflanzen Sie sie aber unbedingt an einem abgeschlossenen Platz, weil sie sich invasiv ausbreiten. Pflanzkübel sind hier die beste Option. Verwenden Sie Minze für Tees, sommerliche Obstsalate und für kaltes, erfrischendes Minzwasser. Haben Sie erst einmal herausgefunden, wie vielfältig verwendbar selbst gezogene Minze ist, werden Sie froh sein, Sie im Garten zu haben.

Anbau

Kaufen Sie im Gartencenter eingetopfte Minze und pflanzen Sie sie in reichhaltigen, feuchten Boden. Sie braucht mehr Wasser als andere Kräuter – das müssen Sie bedenken, wenn Sie sie in größeren Töpfen oder Beeten mit anderen Kräutern anbauen möchten.

Pflege

Gießen Sie die Minze immer gut (insbesondere im heißen Sommer), und ernten Sie sie regelmäßig, damit sie zarte neue Blättchen produziert.

Ernte und Lagerung

Schneiden Sie die Blätter ab, um sie frisch zu verwenden. Wenn die Pflanze holzig wird, schneiden Sie sie ganz ab, damit sie neu wachsen kann (das können Sie ein paarmal in der Saison machen). Trocknen Sie die Pflanze im Dörrautomat, oder hängen Sie sie kopfüber an einen dunklen, luftigen Platz. Streifen Sie dann die trockenen Blättchen ab und füllen sie in saubere Einmachgläser.

Häufige Probleme

Wenn Ihre Minze zu wachsen aufhört und eher holzig als zart wirkt, ist sie vermutlich zu groß für ihren Topf geworden. Warten Sie auf milde Temperaturen (keine Sommerhitze oder Winterkälte) und nehmen Sie die ganze Pflanze aus dem Topf. Schneiden Sie sie mit einem scharfen Messer entzwei und pflanzen einen Teil mit frischer Erde wieder in den Topf. Die andere Hälfte pflanzen Sie in einen separaten Topf (oder schenken sie einer Freundin). Gründlich wässern nicht vergessen.

Petersilie

SCHNELL, FÜR KÜBEL UND HOCHBEETE GEEIGNET

Familie: Apiaceae (Doldenblütler)

Anbauzone: keine Angabe

Vegetationszeit: 2-jährige Kühlwetterpflanze

Abstand: 25 cm

Anzucht im Haus oder Direktsaat:
beides oder Setzlinge

Innenaussaat:
4 Wochen vor dem Umtopfen
(6 Wochen vor dem durchschnittlich letzten Frost)

Früheste Anpflanzung im Freien:
2 Wochen vor dem durchschnittlich letzten Frost

Bodentemperatur: 10–26 °C

Herbstpflanzung: im Süden Setzlinge
4 Wochen vor dem ersten Frost pflanzen

Sonnenbedarf: 4+ Stunden täglich

Wasserbedarf: mittel

Erntekategorie: ganzjährige Ernte,
in einigen Regionen wetterabhängig

Für Anfänger empfohlene Sorten:
italienische glatte Petersilie, krause Petersilie

Wissenswert: Egal, ob Petersilie im ersten Jahr ins Kraut schießt oder ihren Vegetationszyklus erst im zweiten Jahr abschließt – wenn man sie blühen und Samen bilden lässt, kann sie sich selbst aussäen, sodass man dauerhaft Petersilie ernten kann.

Steckbrief

Es heißt, dass Petersilie andere Aromen intensiviert. Wenn Sie sie selbst anbauen, verstärkt das ihr Aroma noch einmal. Getrocknete oder im Laden gekaufte Petersilie kann es mit der selbst gezogenen in keiner Weise aufnehmen. Ist die Petersilie erst einmal etabliert und kann unter idealen Bedingungen wachsen, können Sie weit über ein Jahr lang ernten, bis ihr Vegetationszyklus sie im zweiten Jahr blühen und Samen bilden lässt.

Anbau

Sie können zwar Petersilie direkt aussäen, dann dauert es aber möglicherweise lange, bis sie keimt. Viele Gartenanfänger ziehen es vor, Setzlinge zu kaufen. Pflanzen Sie Petersilie in feuchten, aber durchlässigen, mit viel organischem Material angereicherten Boden.

Pflege

Sorgen Sie für gleichmäßige Bewässerung. Im heißen Sommer in südlichen Regionen profitiert Petersilie vom Nachmittagsschatten, weil hohe Temperaturen und Wassermangel dazu führen können, dass sie schon im ersten Jahr ins Kraut schießt. Im Süden kann die Herbstpflanzung erfolgreicher sein, und man kann den ganzen Winter hindurch ernten.

Ernte und Lagerung

Beginnen Sie mit der Ernte, wenn die Petersilie 15 cm hoch ist, und entnehmen Sie die Blätter nach Bedarf. Wenn Sie eine größere Menge trocknen möchten, schneiden Sie die Pflanze 2,5–5 cm über dem Boden ab – sie wird neue Stängel bilden. Petersilie kann getrocknet werden, hat dann aber deutlich weniger Geschmack.

Häufige Probleme

Wenn in der Mitte der Pflanze ein hoher Stängel wächst, ist sie ins Kraut geschossen. Die Blättchen können zwar noch verwendet werden, sie schmecken aber eventuell bitter. Um zu verhindern, dass die Petersilie ins Kraut schießt, mulchen und gießen Sie sie regelmäßig, um den Stress zu minimieren, insbesondere im heißen Sommer.

Rosmarin

**SEHR LEICHT UND SCHNELL,
FÜR KÜBEL UND HOCHBEETE GEEIGNET**

Familie: Lamiaceae (Lippenblütler)

Anbauzone: keine Angabe

Vegetationszeit:
mehrjährig ab Zone 7

Abstand: 90 cm

Anzucht im Haus oder Direktsaat:
Setzlinge

Innenaussaat: keine Angabe

Früheste Anpflanzung im Freien:
Frühlingsanfang

Bodentemperatur: keine Angabe

Herbstpflanzung: keine Angabe

Sonnenbedarf: 4+ Stunden täglich

Wasserbedarf: niedrig

Erntekategorie:
ganzjährige Ernte (ab Zone 7),
wetterabhängig (bis Zone 6)

Für Anfänger empfohlene Sorten: keine Angabe

Tipp: Im Freien überlebt Rosmarin nicht, wenn die Temperatur unter minus 15 °C sinkt. In Grenzzonen kann man Rosmarin aber erfolgreich in Südlage oder mit einer dicken Mulchschicht bedeckt anbauen. In nördlichen Regionen können die Rosmarintöpfe im Haus überwintern.

Steckbrief

Rosmarin ist ein wunderbar duftender Strauch, der perfekt für einen Kübelgarten im Innenhof ist und gut mit anderen Kräutern angebaut werden kann. Lockere, gut durchlüftete Erde ist für Rosmarin am besten geeignet, und er verträgt auch Trockenheit gut. Da er nach ein paar Jahren jedoch hart und holzig wird, sollten Sie alte Pflanzen alle paar Jahre ersetzen, um immer erstklassigen Rosmarin ernten zu können.

Anbau

Kaufen Sie im Gartencenter eingetopfte Setzlinge. Wenn Sie sie nach dem Umpflanzen gut wässern, sollte es mit Rosmarin keine Probleme geben.

Pflege

Wenn Sie Rosmarin in Flachbeeten anbauen, ist selten zusätzliche Bewässerung nötig. Bei Rosmarin in Töpfen sollten Sie jedoch gelegentlich die Erde kontrollieren, damit sie nicht vollständig austrocknet.

Ernte und Lagerung

Für die sofortige Verwendung schneiden Sie einzelne Zweige ab. Wenn Sie Rosmarin länger aufbewahren möchten, schneiden Sie die Stängel ein paar Zentimeter über der Stelle, wo sie holzig geworden sind, ab – aber nicht mehr als ein Drittel der Pflanze auf einmal. Hängen Sie die Zweige kopfüber an einen dunklen, luftigen Ort. Wenn sie trocken sind, streifen Sie die länglichen Blätter ab und bewahren sie in einem sauberen Einmachglas auf.

Häufiges Problem

Wenn die Blättchen braun werden, hat die Pflanze wahrscheinlich zu viel Wasser abbekommen. Um das zu vermeiden, wässern Sie weniger oder, falls der Rosmarin im Freien ist, stellen den Topf in regenreichen Zeiten an einen geschützten Platz oder legen eine Mulchschicht auf die Erde, um die Feuchtigkeit zu regulieren.

Salbei

SEHR LEICHT UND SCHNELL, FÜR KÜBEL UND HOCHBEETE GEEIGNET

Familie: Lamiaceae (Lippenblütler)

Anbauzone: keine Angabe

Vegetationszeit:
mehrjährig in Zone 4–8

Abstand: 45 cm

Anzucht im Haus oder Direktsaat:
Setzlinge

Innenaussaat: keine Angabe

Früheste Anpflanzung im Freien:
Frühlingsanfang

Bodentemperatur: keine Angabe

Herbstpflanzung: keine Angabe

Sonnenbedarf: 6+ Stunden täglich

Wasserbedarf: niedrig

Erntekategorie: ganzjährige Ernte

Für Anfänger empfohlene Sorten:
Küchensalbei (Echter Salbei)

Wissenswert: Salbei kann gut im Haus auf einer sonnigen Fensterbank gezogen werden – so haben Sie den ganzen Winter hindurch frische Salbeiblätter. Kaufen Sie eine kompakte Sorte, und schneiden Sie alle sich bildenden Blüten ab.

Steckbrief

In den USA ist Salbei hauptsächlich als Zutat für die Thanksgiving-Sauce bekannt, er wird aber auch für Würste, Hackbraten und Schweinefleischgerichte verwendet. In den meisten Regionen gedeiht Salbei mehrjährig. Er kann zwar im Winter die Blätter verlieren, bildet im Frühjahr aber neue. In frostfreien Zonen wächst Salbei möglicherweise nicht das ganze Jahr, weil die für das neue Wachstum erforderlichen Kälteperioden fehlen.

Anbau

Kaufen Sie im Gartencenter eine eingetopfte Salbeipflanze und setzen sie in lockeren, durchlässigen Boden. Nach dem Einpflanzen gut wässern.

Pflege

Salbei mag volle Sonne, in Regionen mit heißen Sommern braucht er jedoch möglicherweise Halbschatten. Nach dem ersten Jahr sollten Sie die ganze Pflanze auf die Hälfte zurückschneiden, sobald sich neue Triebe zeigen. Das hält die Pflanze in Schach und fördert das Wachstum zarter Blätter.

Ernte und Lagerung

Pflücken Sie einzelne Salbeiblätter für den sofortigen Gebrauch. Wenn Sie die Pflanze im zweiten Jahr zurückschneiden, können Sie die Blätter auch trocknen und zu Pulver mahlen.

Häufige Probleme

Ist er erst einmal etabliert, braucht Salbei nicht viel Wasser. Ist der Boden zu schwer und bleibt nach Regen längere Zeit nass, können sich Anzeichen von Krankheiten zeigen. Wenn Sie schwereren Boden haben, reichern Sie ihn mit Sand oder Perlit an, um die Drainage zu fördern.

Thymian

**SEHR LEICHT UND SCHNELL,
FÜR KÜBEL UND HOCHBEETE GEEIGNET**

Familie: Lamiaceae (Lippenblütler)

Anbauzone: keine Angabe

Vegetationszeit:
mehrjährig ab Zone 4

Abstand: 30 cm

Anzucht im Haus oder Direktsaat:
Setzlinge

Innenaussaat: keine Angabe

Früheste Anpflanzung im Freien:
Frühlingsanfang

Bodentemperatur: keine Angabe

Herbstpflanzung: keine Angabe

Sonnenbedarf: 4+ Stunden täglich

Wasserbedarf: niedrig

Erntekategorie: ganzjährige Ernte

Für Anfänger empfohlene Sorten:
Gewöhnlicher Thymian,
Englischer Thymian (Broadleaf),
Kriechender Thymian (etwa Bergamotte)

Tipp: Da Thymian in den meisten Gärten mehrere Jahre lang zu Hause ist, sollten Sie seinen Standort sorgfältig auswählen.

Steckbrief

Der unkomplizierte, niedrige Thymian kann hängend oder als Strauch wachsen. Ab Klimazone 4 ist er winterhart, und von einer etablierten Pflanze können Sie das ganze Jahr über ernten.

Anbau

Kaufen Sie in der Gärtnerei eingetopften Thymian und pflanzen Sie ihn in gut durchlässigen Boden. Ein Kübel ist perfekt.

Pflege

Außer der Wässerung am Anfang braucht Thymian kaum Pflege. Wenn Sie in Zone 4 leben, mulchen Sie die Pflanzen vor dem Winter, um sie vor Kälte zu schützen. Da Thymian nicht viel Wasser braucht, mulchen Sie mit feinem Kies oder Kiefernnadeln statt mit Holzspänen.

Ernte und Lagerung

Die meisten Gärtner können das ganze Jahr hindurch frischen Thymian ernten. Wenn Sie größere Mengen trocknen wollen, schneiden Sie kurz vor der Blüte die gesamte Pflanze auf 7,5–10 cm zurück; sie wird neu wachsen. Hängen Sie die Thymianzweige kopfüber an einen dunklen, gut belüfteten Ort. Wenn sie trocken sind, streifen Sie die Blättchen ab und bewahren sie in einem sauberen Einmachglas auf.

Häufige Probleme

Nach ein paar Jahren wird die Thymianpflanze holzig und produziert minderwertigere Blätter. Ersetzen Sie Ihren Thymian also alle paar Jahre, um dauerhaft erstklassige, duftende Blätter ernten zu können.

Zwiebeln

FÜR KÜBEL UND HOCHBEETE GEEIGNET

Familie: Amaryllidaceae (Amaryllisgewächse)

Anbauzone: keine Angabe

Vegetationszeit: kühles Wetter

Abstand: 15 cm

Anzucht im Haus oder Direktsaat:
Anzucht im Haus oder Setzlinge oder Steckzwiebeln

Innenaussaat: 10 Wochen vor dem Umpflanzen (16 Wochen vor dem durchschnittlich letzten Frost)

Früheste Anpflanzung im Freien:
6 Wochen vor dem durchschnittlich letzten Frost

Bodentemperatur: 10–35 °C

Herbstpflanzung: keine Angabe

Sonnenbedarf: 6+ Stunden täglich

Wasserbedarf: mittel

Erntekategorie: eine Ernte

Für Anfänger empfohlene Sorten:
Ailsa Craig (Langtagstyp), Yellow Granex (Kurztagstyp)

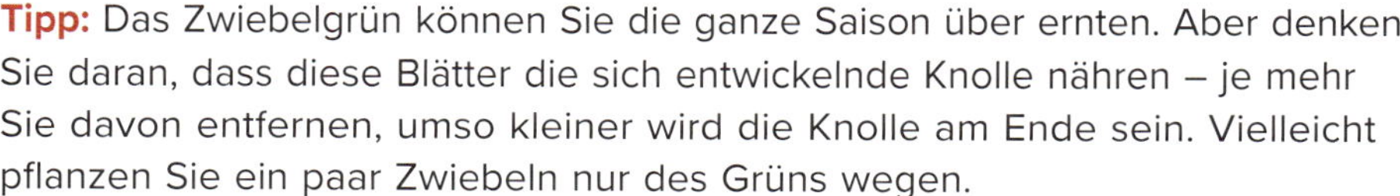

Tipp: Das Zwiebelgrün können Sie die ganze Saison über ernten. Aber denken Sie daran, dass diese Blätter die sich entwickelnde Knolle nähren – je mehr Sie davon entfernen, umso kleiner wird die Knolle am Ende sein. Vielleicht pflanzen Sie ein paar Zwiebeln nur des Grüns wegen.

Steckbrief

Zwiebeln sind eines der am meisten verwendeten Küchengemüse. Um gute Zwiebeln selbst anzubauen, ist die Wahl der richtigen Samen, Steckzwiebeln oder Setzlinge für Ihre Region wichtig. Um eine große Zwiebel zu ernten, müssen Gärtner in südlichen Gefilden Kurztagsorten anbauen, und jene im Norden brauchen Langtagsorten. In den zentraleren Regionen eignen sich beide Sorten oder auch »tagneutrale« Zwiebeln.

Anbau

Die meisten Anfänger entscheiden sich für Setzlinge oder Steckzwiebeln. Setzlinge schauen wie Frühlingszwiebeln aus dem Supermarkt aus, Steckzwiebeln ähneln eher kleinen Babyzwiebeln. Die meisten Steckzwiebeln sind Langtagsorten – wenn Sie also in südlichen Regionen leben, sollten Sie die Sorte mit Bedacht wählen, sonst bildet sich keine Knolle. Setzen Sie Zwiebeln in gut durchlässigen, mit reichlich organischem Material angereicherten Boden. Setzlinge sollten mit dem weißen Teil nach unten eingepflanzt werden; sie werden knapp unter der Erdoberfläche eingegraben.

Pflege

Halten Sie die Anbaufläche frei von Unkraut. In den ersten Monaten liefert Regen wahrscheinlich genügend Wasser, aber in der heißen Jahreszeit oder in Dürreperioden sollten Sie die Zwiebel wöchentlich mit 25–50 ml Wasser versorgen. Wenn sich der Boden aufgewärmt hat, bringen Sie eine Mulchschicht aus, um Unkraut zu verhindern und die Feuchtigkeit im Boden zu halten.

Ernte und Lagerung

Zwiebeln sind erntereif, wenn das Laub vergilbt ist und umknickt. Graben Sie sie vorsichtig aus, um sie nicht mit der Schaufel zu verletzen, und bringen Sie sie an einen schattigen, gut belüfteten Platz, an dem Sie sie in einer Schicht auslegen oder aufhängen können. Lassen Sie sie dort, bis die Stängel komplett vertrocknet sind und beim Abschneiden des Laubs keinerlei Flüssigkeit mehr austritt. Lagern Sie die Zwiebeln an einem kühlen Ort wie dem Keller oder auf dem Boden der Vorratskammer.

Häufige Probleme

Wenn die Zwiebelpflanze einen hohen Blütenstängel bildet, ehe die Zwiebel erntereif ist, ist die Pflanze ins Kraut geschossen, und die Zwiebel wird nicht mehr wachsen. Vorzeitiges Ins-Kraut-Schießen geht zumeist auf Umweltstressfaktoren wie extreme Temperaturschwankungen oder Wasserprobleme zurück. Mulch hilft, die Bodentemperatur zu regeln. Schießt die Pflanze ins Kraut, ernten Sie die Zwiebeln und verarbeiten sie bald, weil sie sich nicht lange halten.

Weiterführende Links

Biologischer Gartenbau
https://www.bund-naturschutz.de/oekologisch-leben/naturgarten/natuerlich-gaertnern

Anbauzonen (USDA-Zonen) für Deutschland:
https://www.garten-pur.de/127/Garten-pur_Portal/Gartenjahr/Klimazonen_und_Winterhaerte.htm

Frostdaten und Klimadaten
https://www.tropenland.at/trp/cont/exotenKlima/usda-zone/usda-zonen-karte-europa.asp
https://www.laenderdaten.info/Europa/Deutschland/Klima.php
https://www.dwd.de/DE/fachnutzer/freizeitgaertner/3_gartenklima/_node.html

Boden-pH-Wert und ausgewogener Nährstoffgehalt für Deutschland:
https://www.bodenanalyse-zentrum.de/lexikon/ph-wert-im-boden-messen

Bodenanalysen
https://www.raiffeisen-laborservice.de/gartenbau-bodenanalyse-basis?gclid=EAIaIQobChMIg8ffmsPx-gIVFYjVCh1AggpoEAAYASAAEgJi6fD_BwE

Literaturhinweise

Bradley, Fern Marshall, Barbara W. Ellis und Deborah Martin: *The Organic Gardener's Handbook of Natural Pest and Disease Control*, New York 2009.

Bradley, Fern Marshall, Barbara W. Ellis und Ellen Phillips: *Rodale's Ultimate Encyclopedia of Organic Gardening*, New York 2009.

Bradley, Fern Marshall, und Jane Courtier: *Vegetable Gardening*, White Plains, New York 2006.

Cool Springs Press: *Gardening Complete*, Minneapolis 2018.

Damrosch, Barbara: *The Garden Primer*, New York 2008.

Harrington, J. F.: »Soil Temperature Conditions for Vegetable Seed Germination«, University of California at Davis, veröffentlicht am 18. Oktober 2019, *https://extension.oregonstate.edu/gardening/soil-compost/soil-temperature-conditions-vegetable-seed-germination*

McCrate, Colin, und Brad Halm: *High-Yield Vegetable Gardening*, North Adams, MA2015.

Reich, Lee: *Weedless Gardening*; New York 2001.

Southern Exposure Seed Exchange (Blog): »The Major Plant Families in a Vegetable Garden«, veröffentlicht am 22. Oktober 2019, *https://www.southernexposure.com/the-major-plant-families-in-a-vegetable-garden-ezp-190.html*

Register

M

O

P

R

S

T

U

V

W

Z

Danksagung

Mein Dank gilt Matt, meinem Mann: Du hast nie gezögert, mich zu unterstützen, ob es darum ging, Spaliere und Zäune im Garten aufzustellen oder mich davon zu überzeugen, dieses Buch zu schreiben. Deine unermüdliche Arbeit, um unsere Familie zu ernähren, hat es mir ermöglicht, meinen Traum zu leben.

Dank an Drew und Alyssa: Mit meine schönsten Erinnerungen sind die, als ich mit euch im Garten spielte. Und an Dad dafür, dass du immer an mich geglaubt hast und mich in allem unterstützt, was ich mir vornehme. An Beverly, Glenn, Anita, Amber und Zac für eure unermüdliche Ermunterung und Unterstützung.

An Teresa dafür, dass du mich geduldig durch all diese Abgabetermine gebracht hast. An Tiffany, Rachel, Wendi und Shy dafür, dass ihr an meiner Seite wart und für mich gebetet habt. An Megan dafür, dass du extra Arbeit an den Podcasts und Blogs übernommen hast, damit ich mich auf dieses Buch konzentrieren konnte.

An Kent dafür, dass du dem Podcast dieses Mädchens schon ganz am Anfang Gehör geschenkt hast. Du übertriffst mich mit deinem Wissen locker – danke, dass du es so großzügig mit mir teilst! Deine langjährige Freundschaft ist ein wahrer Segen für mich.

An Mr. Atchley, meinen Englischlehrer an der Highschool. Ich hielt Sie damals für verrückt, als Sie meinten, ich würde irgendwann eine Autorin werden. Vielleicht sind Sie stolz darauf, dass ich für dieses Buch Ihre Schreibtechniken angewandt habe.

An meine virtuellen Gartenmentoren Melissa K. Norris und Joe Lamp'l. Ihr seid nicht nur großzügig darin, so vielen Menschen das Gärtnern nahezubringen, sondern auch darin, mich zu unterstützen, als ich das Gleiche in meiner kleinen Ecke der Welt tun wollte.

An das Verlagsteam bei Callisto für eure Arbeit hinter den Kulissen. Danke, Matt, dafür, dass du in mir etwas erkannt hast, von dem ich nichts wusste. Danke, Ada und Claire – es war eine Freude, mit euch zusammenzuarbeiten. Und danke, dass ihr mich dazu ermuntert habt, eure Vision für dieses Buch zu realisieren.

Und schließlich gilt mein Dank meiner ersten großen Liebe: Jesus. Du bist voller großzügiger Geschenke – danke, dass du mir meinen Garten gegeben und dich mit mir darin getroffen hast.

Über die Autorin

Jill McSheehy bringt in ihrem *The Beginner's Garden Podcast* und auf ihrer Website *journeywithjill.net* Tausenden von angehenden Gärtnern und Gärtnerinnen bei, Gemüse, Obst und Kräuter selbst anzubauen. Die autodidaktische Gärtnerin arbeitete nach ihrem Bachelorabschluss an der Arkansas Tech University zunächst 10 Jahre lang als Business Development Manager bei einem Ford-Händler. Ihren ersten Garten legte sie erst 2013 an, als sie sich entschloss, als frisch gebackene Mutter zu Hause zu bleiben. Aber sie liebte ihre neu entwickelte Passion fürs Gärtnern und wollte sie an andere Anfänger auf diesem Gebiet weitergeben. Mit ihrem Mann Matt und den zwei Kindern Drew und Alyssa lebt Jill auf gut einem Hektar Land bei Russellville in Arkansas. Wenn sie sich nicht gerade um ihren großen Garten und ihre Hühnerschar kümmert, liebt Jill es zu lesen, mit ihrer Familie zu campen oder Gemüse und Obst aus ihrem Garten einzumachen.